मन आनम

('नुक़ूश' के संपादक
मुहम्मद तुफ़ैल के नाम पत्र)

वाणी प्रकाशन

नयी दिल्ली-110002

मन आनम

(‘नुक़ूश’ के सम्पादक मुहम्मद तुफ़ैल के नाम पत्र)

फ़िराक़ गोरखपुरी

लिप्यन्तरण

प्रदीप ‘साहिल’

वाणी प्रकाशन

वाणी प्रकाशन

4695, 21-ए, दरियागंज, नयी दिल्ली 110 002

फ़ोन : +91 11 23273167 फ़ैक्स : +91 11 23275710

शाखाएँ

अशोक राजपथ, पटना 800 004, बिहार

कॉफ़ी हाउस कैम्पस, महात्मा गांधी मार्ग, इलाहाबाद 211 001, उत्तर प्रदेश

महात्मा गांधी अन्तरराष्ट्रीय हिन्दी विश्वविद्यालय, वर्धा 442 001, महाराष्ट्र

www.vaniprakashan.com
marketing@vaniprakashan.in
sales@vaniprakashan.in

Man Aanam
by Firaq Gorakhpuri

ISBN : 978-81-7055-753-1
Letter

प्रथम संस्करण 2001
द्वितीय संस्करण 2023

मूल्य : ₹ 395

सिटी प्रेस, दिल्ली-110 095 में मुद्रित

वाणी प्रकाशन का लोगो मक़बूल फ़िदा हुसेन की कूची से

मैंने कई बार सोचा कि इस किताब का ख़ालिक़ कौन है—मैं या 'फ़िराक़' ? ये बात मेरे ज़हन में इसलिए आती है कि ये ख़त 'फ़िराक़' साहिब ने लिखे नहीं, मैंने लिखवाए हैं।

सन् 1953 में, जब मुझ पे लिखने का दौरा पड़ा तो मेरा दिमाग़ शख़्सी मज़ामीन लिखने की तरफ़ चला। अपनी इस बीमारी की बिना पर चंद एक बातें 'फ़िराक़' साहिब से भी पूछनी पड़ीं—जवाब में उनका इतना मुफ़स्सल ख़त मिला था कि मैं अपनी बात भूल गया, उनके जवाब में खो गया।

इसके बाद मैंने एक प्रोग्राम के मातहत 'फ़िराक़' साहिब को ख़त लिखें। प्रोग्राम ये था कि बहाने-बहाने उस 'जिन' की पूरी शख़्सियत को एक बोतल में बंद करके रख लूँ। ताकि आड़े वक़्त काम आए। यानी मेरे या उनके मरने के बाद 'जिन' को बोतल में से निकाला जाए।

ये ख़त जो आपके सामने हैं, इन्हें मुरत्तब करने में मुझे बड़ी दिक़्क़तें पेश आईं। इसलिए कि 'फ़िराक़' साहिब को पहले-पहल ये इल्म न था कि ख़त छपेंगे भी, इसलिए उन्होंने अपने क़लम को जैसे चाहा हँकाया। इससे जहाँ थोड़ी-बहुत बेराहरवी को जगह मिली, वहाँ उनके पुर-ख़ुलूस और सच्चे जज़्बात भी उभर कर सामने आए। यूँ मैं समझता हूँ कि नुक़सान कम, फ़ाइदा ज़्यादा हुआ।

उनके कुछ ख़त अभी मैंने पेश नहीं किए, इसलिए कि उनमें से कुछ ज़्यादा ही मुख़लिस और कुछ ज़्यादा ही सच्चे हो गए हैं—चूँकि ज़्यादा मुख़लिस इंसान अपनी तमाम-तर होश-मंदी के बावजूद पागल; और ज़्यादा सच्चा इंसान अपनी तमाम-तर शराफ़त के बावजूद बदतमीज़ कहलाता है। इसलिए मैंने कोशिश की है कि अपने इस प्यारे दोस्त को इन 'ख़राबियों' से बचा ले जाऊँ। इसके बावजूद 'फ़िराक़' इन ख़तों में हर तरह से और हर रंग में सामने आए हैं—यही 'फ़िराक़' की वो ख़ूबी है जिस पर मस्लहत-आमेज़ शराफ़त के सारे ग़िलाफ़ निसार किए जा सकते हैं।

मैं इन ख़तों को अपनी और 'फ़िराक़' साहिब की ज़िंदगी में इसलिए छाप रहा हूँ ताकि कल-कलाँ को बुक़रात क़िस्म का मुहक़्क़िक़ ये साबित करने पर अपना वक़्त ज़ाया न करे कि ये ख़त 'फ़िराक़' साहिब के लिखे हुए ही नहीं। इसलिए कि तुफ़ैल का इंतिक़ाल तो फ़लाँ सन् में हो गया था और ये ख़त उसके मरने के भी आठ बरस बाद 'हिज्र' नामी शख़्स ने लिखे थे।

15 अप्रैल, सन् 1962 ई.

मुहम्मद तुफ़ैल

8/4, बैंक रोड, इलाहाबाद
14-2-1953

बिरादरम तुफ़ैल साहिब, तस्लीम !

एक मुद्दत हो गई जब आपका मुहब्बत-नामा मिला था, मेरी बदतौफ़ीक़ी देखिए कि अंदाज़न चार माह बाद जवाब लिखने बैठा हूँ। इधर कई बरसों से मेरे लिए मुसीबत ये हो गई है कि मेरे पास जितनी भारी डाक आती है, उसका जवाब दे पाना मेरे बस की बांत नहीं। आपके ख़ुतूत मेरे दिलो-दिमाग़ में ताज़गी पैदा कर देते हैं, लेकिन बहुत से ख़ुतूत ऐसे भी आते हैं जिनमें अहबाब ख़ुलूसो-मुहब्बत की बातें तो लिखते हैं लेकिन जिन्हें पढ़कर उमूनन थकावट-सी महसूस करता हूँ। शौहरत मेरे लिए एक मुसीबत हो गई है, फिर मेरी हैसियतें कई हैं। उर्दू, हिंदी, अंग्रेज़ी; तमाम हल्क़ों से नज़्मों, ग़ज़लों, नस्र के मज़ामीन, पैग़ामात, सलाह-मश्वरे की माँगें आती रहती हैं, जो ज़हन में परागंदगी और इंतिशार पैदा कर देती हैं। फिर लेक्चरों और तक़रीरों की माँगें आती रहती हैं और इन पे मुस्तज़ाद अंग्रेज़ी अदब के मुअल्लिम के कारे-मंसबी की ज़िम्मेदारियाँ; टुकड़े-टुकड़े होकर रह जाता हूँ। मेरे लिए मेरी डाक सिर्फ़ उम्मीदों की हामिल नहीं होती, बल्कि उम्मीदो-बीम की हामिल होती है। सेहत की ख़राबी, नीम-ख़्वाबी, सौदावी मिज़ाज की वजह से तबीअत का इंतिशार, घुटन और घबराहट, जिस्म की मुस्तक़िल थकन, हाथ में राशा आ जाने की वजह से लिखने से माज़ूरी—इन तमाम बलाओं में मुब्तिला हूँ। बहरहाल काम किए जा रहा हूँ और हाँफ-हाँफ कर एक अदीब के फ़राइज़ जैसे-तैसे पूरे करता जा रहा हूँ। उम्र भी साठ के लगभग (तारीख़े-पैदाइश 28 अगस्त 1896 ई.) फिर भी अपने शऊर को कुछ ऐसी तर्बियत दे सका हूँ कि दाख़िली सुकून का सररिश्ता हाथ से छूटने न पाए। इस अम्र का ख़याल रखता हूँ कि जो-जो तूफ़ान उठते रहें वो मेरी शख़्सियत की सतहों पर अगर हलचल मचा दें तो भी मेरे शऊर की गहराइयाँ अपना शऊरो-तवाज़ुन क़ाइम रखें।

आपने तो एक साँस में कई बातें कह दी हैं लेकिन मैं साँस ले-लेकर भी सब बातें कहना चाहूँ तो भी आपकी सारी बातों का जवाब मुश्किल है। बहरहाल आपसे

कुछ कहे बग़ैर जान छुड़ाना भी मुश्किल है, इसलिए आज ये अर्ज़ किए देता हूँ कि "मुझे शेर कहने के लिए किसी ख़ास माहौल या मूड की ज़रूरत होती है या नहीं ?"

बज़ाहिर मेरी ज़िंदगी का ख़ारिजी माहौल दूसरों की ज़िंदगी के ख़ारिजी माहौल से ज़्यादा मुख़्तलिफ़ नहीं है। मेरा तअल्लुक़ वस्ती तबक़े से है और इस तबक़े की आम ख़ुसूसियतें अपनी ज़िंदगी में भी मैं पाता हूँ। इस तबक़े की अच्छी-बुरी बातें, ख़ूबियाँ और कमज़ोरियाँ अपनी ज़िंदगी में पाता हूँ, इसके बावजूद अपनी एक इन्फ़िरादी शख़्सियत भी रखता हूँ जिसके नुमायाँ ख़तोख़ाल हैं और जो मुझको अपने हम-चश्मों से मुतमाइज़ करती हैं। बचपन ही से मैं अपने भाई-बहनों से अपने को बहुत मुख़्तलिफ़ पाता था। मस्लन, मैं उन सबसे ज़्यादा जज़्बाती था, मुहब्बत और नफ़रत की ग़ैर-मामूली शिद्दत मैं अपने अंदर पाता था। मानूस चीज़ें भी मुझे हद-दर्जा मानूस और हद-दर्जा अजीब महसूस होती थीं, मनाज़िरे-क़ुदरत से मैं इतना मुतास्सिर होता था कि उनमें खो जाया करता था, मेरे बचपन की दोस्तियाँ भी बहुत शदीद क़िस्म की होती थीं, बचपन के खेल और खिलौनों से भी इतनी ज़बरदस्त लगावट महसूस करता था कि घर वाले तअज्जुब करते थे और कभी-कभी मेरा मज़ाक़ उड़ाते थे। मेरी वालिदा का कहना है कि दो-तीन बरस की उम्र ही से मैं किसी बदसूरत मर्द या औरत की गोद में जाने से इंकार कर देता था बल्कि यहाँ तक ज़िद करता था कि ऐसे लोग घर में न आने पाएँ, इस बात की ख़ूब हँसी उड़ती थी और कभी-कभी इसके लिए मुझे चिढ़ाया भी जाता था। नौ-दस बरस की उम्र ही से जिस लड़की या लड़के को, मर्द या औरत को, अपने नज़दीक मैं ख़ूबसूरत समझता था उसे देखकर ऐसा महसूस होता था कि मेरा जिस्म बल्कि मेरी हड्डियाँ तक पिघल कर रह जाएँगी। शऊरी तौर पर अहसासे-हुस्न से बर-अंगेख़्ता होने वाली जिन्सियत मेरे अंदर सिने-बलूग़ से काफ़ी पहले पैदा हो चुकी थी। इसके साथ-साथ ज़िंदगी में अच्छाई, ख़ुलूस और शराफ़त की क़द्रें भी मुझे ग़ैर-मामूली तौर पर मुतास्सिर करती थीं। जिन गीतों कहानियों और वाक़िआत में क़द्रों की झलक दिखाई दे जाती, उनसे मेरी आँखों में आँसू आ जाते थे। अगरचे मेरा घर एक भरा-पूरा घर था और मैं टूट कर सबसे मिलता था फिर भी बचपन ही से अपने अंदर एक अहसासे-तन्हाई पाता था। लगे हाथों ये भी बता दूँ कि बचपन में जो इब्तिदाई किताबें पढ़ने को मिलती थीं उनके हुस्ने-उस्लूब से मैं बहुत ज़्यादा मुतास्सिर होता था और बद-उस्लूबी से बदमज़ा हो जाता था। इस तरह ज़िंदगी के सत्रह-अठारह साल कट गए। बारह-तेरह बरस की उम्र से ही शेर कहना चाहता था लेकिन जैसा पहले कह चुका हूँ कि मेरी ज़िंदगी जज़्बात से इतनी लबरेज़ थी कि उस उम्र में मुझे इज़हारे-जज़्बात के लिए अल्फ़ाज़ नहीं मिलते थे और शेर गोई की ख़्वाहिश घुट-घुट कर रह जाती थी। ये घुटन मेरे लिए बसा औक़ात एक मुसीबत बन जाती थी। अंदाज़न अट्ठारह

बरस की उम्र में मेरी शादी कर दी गई। मेरी बीवी की सूरत-शक्ल वही थी बल्कि उससे भी गई-गुज़री जो उन लोगों की थी जिनकी गोद में जाने से मैं दो-तीन बरस की उम्र में भी इंकार कर देता था और ज़िंदगी की दूसरी सलाहियतें भी अनपढ़ इंसानों से मेरी बीवी में कम थीं। मेरी शादी ने मेरी ज़िंदगी को एक ज़िंदा मौत बनाकर रख दिया। ज़िंदगी के अज़ाब हो जाने के बावजूद मैंने ख़ुदकुशी नहीं की, न पागल हुआ और न जराइम-पेशा बना, न ज़िंदगी की ज़िम्मेदारियों से दस्त-बरदार हुआ। इसलिए कि शदीद हुस्न-परस्ती के बावजूद ज़िंदगी की शराफ़त की जो क़दरें मान चुका था, उनका मैंने सहारा लिया। फ़राइज़-शनासी ने मुझे बर्बाद होने से बचा लिया। ये ज़रूर हुआ कि साल भर तक मुसल्सल नींद नहीं आई और सेहत मुस्तक़िल तौर पर बर्बाद हो गई। फिर भी चूँकि इल्म-दोस्ती का जौहर भी मुझमें था इसलिए कॉलेज और यूनीवर्सिटी के इम्तिहानों में बहुत ऊँची पोज़ीशन मैं लाता रहा। बी.ए. का नतीजा निकलने के पहले ही मेरे वालिद मुँशी गोरख प्रसाद 'इबरत' गोरखपुरी, जो शहर के सबसे बड़े वकील थे इंतिक़ाल फ़रमा गए और एक कच्ची गृहस्थी के तमाम मसाइल मेरे सर पर आ गए। पी.सी.एस. और आई.सी.एस. दोनों के लिए मेरा इंतिख़ाब हो चुका था लेकिन बद-दिली और बेदिमाग़ी ने मुझे इतना उदास बना दिया था कि दोनों से मुस्तफ़ी हो गया। इन तकलीफ़-दह और कर्ब-आगीं हालात में मैंने शायरी शुरू की और बहुत आहिस्ता-आहिस्ता अपनी आवाज़ को पाने लगा। मेरा दाख़िली मूड और ख़ारिजी माहौल तो बचपन ही से बन गए थे। अब जब शायरी शुरू की तो मेरी ये कोशिश हुई कि अपनी नाकामियों और अपने ज़ख़्मी ख़ुलूस के लिए अश्आर के ज़रिए मरहम तैयार करूँ। मेरी ज़िंदगी जितनी तल्ख़ हो चुकी थी उतने ही पुर-सुकून और हयात-अफ़्ज़ा अश्आर कहना चाहता था। बल्कि यूँ कहूँ कि तल्ख़ी को शीरीनी में बदल देना चाहता था। आम तौर पर रात गए अश्आर कहना शुरू करता था और ग़ज़ल रात रहे ख़त्म होती थी। कभी-कभी तो ऐसा हुआ है उधर पौ फटी और इधर ग़ज़ल का मक़्ता हुआ :

उजले-उजले से कफ़न में सहरे-शाम 'फ़िराक़'
एक तस्वीर हूँ मैं रात के कट जाने की

मुझे ऐसा महसूस होता है कि रात की कैफ़ियतें और रात की रमज़ियत जिस तरह मेरे अश्आर में फ़िज़ा बाँधती हैं वो चीज़ कहीं और नहीं मिलेगी। मेरे कलाम का एक हिस्सा ऐसा है जिसकी बिना पर मुझे शायरे-नीमशबी कहा जा सकता है। मुंदरजे-बाला शेर के कहने के पच्चीस बरस बाद मैंने ये रुबाई कही :

"दिन डूब गया तो बात कुछ और भी है
आँख ओझल वारदात कुछ और भी है

ख़ामोशी-ओ-तीरगी-ओ-ख़ुनकी के सिवा
ऐ अंजुमो-माह ! रात कुछ और भी है''

'आधी रात' और 'झलकियाँ' के उन्वान से मेरी दो नज़्में रात की तुर्जमानी और मुसव्विरी की मिसालें हैं। उनके इलावा मेरे पूरे कलाम में रात के मुतअल्लिक़ सदहा अश्आर और रुबाइयाँ बिखरी हुई मिलेंगी। ये ख़त अपने इस मक़्ते के साथ ख़त्म करता हूँ :

'' 'फ़िराक़' देख शबे-ग़म गुदाज़े-क़ल्बे-नुजूम
छिड़ा हुआ है सुकूते-अबद का अफ़साना''

कुछ और अश्आर याद आ गए :

''तारीकियाँ चमक गयीं आवाज़े-दर्द से
मेरी ग़ज़ल से रात की ज़ुल्फ़ें सँवर गयीं''

''छिड़ते ही ग़ज़ल बढ़ते चले रात के साये
आवाज़ मिरी गेसू-ए-शब खोल रही है''

''जब साज़े-ग़ज़ल को छूता हूँ, रातें लौ देने लगती हैं
ज़ुल्मात के सीने में हमदम मैं रोज़ चराग़ाँ करता हूँ''

''अब दौरे-आसमाँ है न दौरे-हयात है
ऐ दर्दे-हिज्र, तू ही बता कितनी रात है''

अच्छा अब रुख़्सत चाहता हूँ, लेकिन रुख़्सती से पहले इतना पूछना चाहता हूँ कि यकायकी आपको मेरे बचपन और मेरी ज़ात से इतनी दिलचस्पी क्यों पैदा हो गई है। अगर इन बातों का साफ़-साफ़ जवाब दीजिएगा तो मैं भी साफ़-गोई पर ब-आसानी उतर आऊँगा।

एक बोलती हुई ग़ज़ल हाज़िर है, अपनी राय से ज़रूर व जल्द मुत्तला फ़रमाइएगा, इसलिए कि शायर हर वक़्त दाद का मुहताज होता है और मुझे तो मेरे फ़न ने बाक़ी शुअरा से कुछ ज़्यादा ही भूखा बना दिया है।

आपका 'फ़िराक़'

मुकर्रर, मेरी सेहत अब किसी तरह संभल नहीं सकती, अगर कुछ दिन जीता भी रहा तो इसी फ़िक्र में जीना होगा कि अपना मज्मूआ-ए-कलाम और दीगर तसानीफ़ किसी ऐसे नाशिर को सौंप दूँ जो मेरे इस हासिले-ज़िंदगी को ज़ाया और नापैद न होने दे।

8/4, बैंक रोड इलाहाबाद
23 फ़रवरी, 1953 ई.

बिरादरम, तस्लीम !

कभी तो आप भी मेरी तरह डूब जाते हैं और मैं जवाब की राह तकता रहता हूँ लेकिन अब के आपने बड़ी जल्दी जवाब दिया। यूँ मालूम होता है कि जैसे पहले ही से जवाब लिखा रखा था। ग़ज़ल की पसंदीदगी का बहुत-बहुत शुक्रिया। अलबत्ता मुझे आपकी ये बात बहुत खटकी कि एक शेर वज़न में नहीं, अल्लामा 'असर' लखनवी साहब ! उसे एक बार फिर पढ़िए, न तो उस शेर को काटिएगा और न ही ख़ुद तर्मीम कीजिएगा। मुझे वो शेर लिख भेजिए, मैं ख़ुद उसकी नब्ज़ देख लूँगा। आपने पहले तो ग़ज़ल की बड़ी तारीफ़ की और मैं बड़ा ख़ुश हुआ कि मेरे कलाम को मेरी ही तरह और भी अज़ीज़ रखते हैं लेकिन मक़्ते में सुख़न गुस्तराना बात से न टले।

आप मेरे हालाते-ज़िंदगी से वाक़िफ़ होना चाहते हैं तो मैं भी ये कोशिश करूँगा कि आपकी बातों का जवाब लिखता रहूँ और इस तरह चार महीनों का सुकूत इकट्ठा तोड़ूँगा।

मेरी ज़िंदगी के दाख़िली और ख़ारिजी माहौल पर ज़्यादा न सही कुछ रोशनी तो मेरे पहले ख़त से पड़ी होगी। इस ख़त में ये बताने की कोशिश करूँगा कि किन मुहर्रिकात व मक़ासिद के ज़ेरे-असर मैं शेर कहता रहा। ये भी बताऊँगा कि इज़्दवाजी-ज़िन्दगी के अज़ाब हो जाने के बाद क्या मेरी कोई इश्क़िया ज़िंदगी भी रही है और उसका मेरी शायरी पर क्या असर रहा है। मैं शायरी का एक मक़सद ये भी समझता हूँ कि ज़िंदगी के ख़ुशगवार और नाख़ुशगवार हालातो-तज्रुबात का एक सच्चा जमालियाती-अहसास हासिल किया जाए। जिसके बग़ैर ज़िंदगी के दुख-सुख दोनों नामुकम्मल रहते हैं—यही अहसास मेरे मुहर्रिकाते-शेरी रहे हैं। इसके इलावा हर क़ौम की एक तारीख़ होती है और उसका एक मिज़ाज होता है, उसकी इज्तिमाई ज़िंदगी की कुछ बुलंद क़दरें होती हैं। फिर तमाम इंसानियत की ज़िंदगी की भी तारीख़ होती है और इस आलमगीर-ज़िंदगी की कुछ इर्तिक़ाई क़दरें होती हैं। क़ौमी-ज़िंदगी और आलमगीर-ज़िंदगी की इन क़दरों और हिंदुस्तान के कल्चर

के मिज़ाज को अपनी शायरी में समोना, मुल्की और आलमी ज़िंदगी के पाकीज़ा मुहर्रिकात को गोयाई अता करना ही मेरा मक़सदे-शायरी रहा है। उर्दू शायरी में बहुत से महासिन के बावस्फ़ बहुत-सी बुलंद चीज़ों और क़दरों की कमी रही है। दो मिसालें दूँगा—'हाली' और 'इक़बाल' की। 'हाली' का दिल बहुत नर्म है, नेकी और शराफ़त उसमें कूट-कूट कर भरी हुई है लेकिन गहरा या बुलंद तफ़क्कुर या फ़ल्सफ़ियाना दिमाग़ उनके यहाँ नहीं है। ये चीज़ें 'इक़बाल' के यहाँ बदर्जा-ए-अतम मिलती हैं। लेकिन बदनसीबी से एक जंगजूई का जज़्बा भी उनके यहाँ मिलता है और ताक़त या क़ुव्वत ख़्वाह किसी तरह की भी हो उसके लिए एक अँधी परस्तिश भी 'इक़बाल' के यहाँ मिलती है। जंगें जीतने, मुल्कों को फ़तह करने और उन पर इस्लामी हुकूमतें क़ाइम करने को 'इक़बाल' बड़ी अहमियत देते हैं। एक संगीन गिरख़्तगी-ए-मिज़ाज का असर उनका कलाम पढ़कर नागुज़ीर हो जाता है। इस्लामी मिल्लत के तसव्वुर की ज़ंजीरों में उनकी शायरी जकड़ी हुई है। शायरी में मेरी कोशिशें बहुत दिनों तक तो समाजी या सियासी या वतनी मौज़ूआत से अलग रहीं और काफ़ी दिनों तक कोशिश करता रहा कि जिन्सियत को कमज़ोर किए बग़ैर और अफ़लातूनी मुहब्बत या इश्क़े-हक़ीक़ी से क़तअ नज़र करके जिन्सियत को ज़्यादा से ज़्यादा रचा सकूँ और उसे रस-जस से मालामाल कर सकूँ। इश्क़ के ग़मो-निशात और हुस्न के तसव्वुर की तहज़ीबो-तालीफ़ शुरू ही से मेरी कोशिश थी। इश्क़िया शायरी को सतहियत, तल्ख़ी, ख़ुश्की, ख़ुशूनत, मुग़ायरत और छोटेपन से बचाना और उसमें ज़िंदगी की आला-तरीन क़दरें समोना, यही मेरी कोशिश रही है। मग़्रिबी अदब ख़ुसूसन वर्ड्स वर्थ की शायरी और अंग्रेज़ी अदब के दीगर अकाबिरो-मशाहीर के कारनामे, संस्कृत अदब के कारनामे, फ़ारसी अदब के कारनामे, मुझे बराबर मुतास्सिर करते रहे हैं। मेरी उर्दू शायरी जज़्बातो-ख़यालात के मुआमले में जितनी ग़ैर-उर्दू अदब से मुतास्सिर रही है उतना उर्दू शायरी से मुतास्सिर नहीं रही। अलबत्ता जहाँ तक ज़बानो-बयान का तअल्लुक़ है मैं उर्दू-शायरी के मशाहीर से इस्तिफ़ादा करता रहा हूँ फिर भी अपनी उर्दू को अपने विज्दान के साँचे में ढालता रहा हूँ कि मेरे उस्लूब में किताबों की ज़बान के बदले ज़िंदगी की और तास्सुराते-ज़िंदगी की ज़बान जीती-जागती शक्ल में उजागर हो। फिर किसी कैफ़ियत को महज़ मुकम्मल तौर पर बयान करना मेरा मक़सद नहीं रहा। क़ादिरुलकलामी एक तरह का इज्ज़े-बयान है, क्योंकि हर कैफ़ियत या हर ख़याल के महदूद मन्तक़ी पहलू के इलावा उसका एक विज्दानी पहलू होता है जिसके लिए सराहत के साथ-साथ इशारियत की भी ज़रूरत होती है। इस इशारियत को अपने अश्आर में समोना मेरे ख़ास मक़ासिदे-शेरी में रहा है। इस तरफ़ हमारे उर्दू के शुअरा की तवज्जोह बहुत कम रही है।

जब मैं ज़िंदगी में अमल की हैसियत से मुतास्सिर होने लगा तो इसके साथ-साथ

इश्तिराकियत का नस्बुलऐन भी समझ में आने लगा। 1936 ई. के बाद से मेरी मुतअद्दिद नज़्मों, ग़ज़लों और रुबाइयों में ये ख़यालात जगह पाने लगे। इश्तिराकियत के फ़ल्सफ़े में अमल के जो मानी हैं वह इंसान की गुज़श्ता तारीख़ के अमल के फ़ल्सफ़ों से बहुत मुख़्तलिफ़ हैं। अब मेरी कोशिश ऐसी नज़्मों में ये होने लगी कि मसाइल को आलमगीर इंसानियत के इर्तिक़ा की रोशनी में पेश करूँ, महज़ मुत्तकीफ़ होना या ज़िंदगी जैसी है उससे मुतास्सिर होना, क़ौमी कल्चर और क़ौमी मिज़ाज के तसव्वुर पर वज्द करना इसे अब मैं नाकाफ़ी समझने लगा। अब दुनिया और ज़िंदगी पर वज्द करने के बदले दुनिया और ज़िंदगी को बदलने का तसव्वुर मेरे अंदर कारगर होने लगा। दुनिया को बदल देने के आलमगीर अमल और अवामे-आलम की मुत्तहदा कोशिशों की मानवीयत, दूर-रसी और उसके विज्दानी पहलू को अदब में चमकाने और रौशन करने को मैं बहुत अहमियत देने लगा। फिर भी मुझे इसका एतराफ़ है कि मेरी ज़ाती ज़िंदगी बहुत हद तक जिन्सियत-ज़दा रही है और है। जिन्सियत से छुटकारा पाने के बदले मैंने उसे शऊरी और विज्दानी तौर पर गहरा बनाने की कोशिश की है। मेरी ज़िंदगी को इस बात से नहीं समझा जा सकता कि किन-किन से मेरे तअल्लुक़ात रहे हैं। इन तअल्लुक़ात को मैंने किस तरह हज़्म किया है, जिन्सियत को कितना लतीफ़ बना सका हूँ, जिन्सी जज़्बातो-तजुबात को कितना लतीफ़ और रंगीन बना सका हूँ, अगर इन बातों का पता चलाना हो तो मेरी ग़ज़लों, रुबाइयों और इश्क़िया नज़्मों में इन सवालों का जवाब ढूँढ़ना चाहिए।

मेरे ज़माने में मर्द और औरत आज़ादी से मिल नहीं सकते थे और न मुहब्बत कर सकते थे, चोरी-छिपे की बात और है। अब भी तब्दीली-ए-हालात के बावजूद सूरते-हाल बहुत कुछ यही है। इसलिए मुझे कुछ औरतों के हुस्न से मुतास्सिर होने के मौक़े तो मिले हैं लेकिन उनसे इश्क़ बरतने के मौक़े नहीं मिले या बहुत कम मिले हैं।

पाकीज़गी जिन्सी तअल्लुक़ से बचने का नाम नहीं है, बल्कि इस तअल्लुक़ को विज्दानियत और जमालियाती सिफ़ात से मुत्तसिफ़ करने का नाम है। जो चीज़ इस मुहब्बत को बुलंद करती है वो वही है जो मामूली जानवरों की जिन्सी-ज़िंदगी और जिन्सी-तअल्लुक़ात से या मामूली आदमियों की जिन्सी-ज़िंदगी और जिन्सी तअल्लुक़ात से एक हस्सास और रचे हुए दिलो-दिमाग़ वाले इंसान की जिन्सी ज़िंदगी को दाख़िली तौर पर मुख़्तलिफ़ बनाती है। जब जिन्सी जज़्बात किसी शख़्स की पूरी शख़्सियत में हलूल कर जाएँ और उसके मुस्तक़िल किरदार का जुज़्व बन जाएँ और जब जिन्सी ख़्वाहिश के मुक़ाबले में अहसासे-जमाल बहुत ज़्यादा बढ़ जाए और बहुत ज़्यादा गहरा हो जाए, तब जिन्सियत इश्क़ का मर्तबा हासिल कर लेती है। क्या मेरा इश्क़िया कलाम आपको ये अहसास कराता है कि जिन्सियत

अपनी तमाम कसाफ़तों से पाक होकर मेरे शऊर और किरदार का जुज़्वे-लतीफ़ बन गई है।

मुआफ़ करना, मैंने इस ख़त में ख़्वाह-म-ख़्वाह 'ख़तीबाना रंग' इख़्तियार कर लिया। आप भी तो बाज़ औक़ात ऐसी उल्टी-सीधी बातें कर देते हैं। जो हम नाज़ुक-मिज़ाजों पर गिराँ गुज़रती हैं अगर आप पर मेरा ये लिखना गिराँ गुज़रा तो आपसे माज़िरत चाहने में भी लुत्फ़ आएगा।

ये कैसे हो सकता है कि आप मुझे लाहौर बुलाएँ और मैं न आऊँ। अलबत्ता 'जोश' का वादा मैं नहीं करता। आप उनसे बराहे-रास्त ख़तो-किताबत करें, मैं भी लुक़्मा दे दूँगा। और आप किस-किस को बुला रहे हैं।

आपका
'फ़िराक़'

8/4, बैंक रोड, इलाहाबाद
1 मार्च, 1953 ई.

बिरादरम, तस्लीम !

आपका तवील ख़त मिला, शुक्र है कि आप दो सतरी इशारों से तो निकले, या क़ाइल हूजिए या कीजिए, भला ये क्या बात हुई कि साहिब मैं आपकी उल्टी-सीधी बातों पर ईमान लाने के लिए तैयार नहीं—मेरी बातों पर बेशक ईमान न लाइए, लेकिन मुझे क़ाइल करने की कोशिश न कीजिए, वरना मैं आपके जवाबों में उलझ जाऊँगा और बात आगे न बढ़ पाएगी। और फिर आप मुझे ये ताना देने बैठ जाएँगे कि अल्फ़ाज़ के जादू से क़ाइल करना चाहता हूँ। हालाँकि मैं जानता हूँ एडिटरों को तो ख़ुदा भी क़ाइल नहीं कर सकता (ख़ुदा का लफ़्ज़ मुहावरे के लिए लाया हूँ और मैं तो एक शायर हूँ)

अच्छा इन बातों को छोड़िए और ये देखिए कि मुझे पिछले ख़तों में अपने नफ़्सियाती तज्ज़िये की दियानत-दाराना कोशिश में हफ़्त ख़्वान तय करना पड़ा कि नहीं। जिन्सियत, शहवानी तलज़्ज़ुज़, इश्क़, इंसानी बहबूदी और तरक़्क़ी, इंसानियत का सही नज़रिया या यूँ कहिए कि इश्क़िया दिलचस्पियों के साथ ग़ैर-जिन्सी और ग़ैर-इश्क़िया अहम उमूरो-मसाइल में दिलचस्पी, इन तमाम चीज़ों और रुज्हानात या मुहर्रिकात को अपने किरदार में समोना और इतने मुख़्तलिफ़ अज्ज़ा को अपने अंदर जज़्ब करके अपनी शख़्सियत की एक पूरी इकाई बनाना, इन मुख़्तलिफ़ अज्ज़ा में हम-आहंगी पैदा करना, यही मेरी कोशिश रही है। इस ख़त में पहले ये बताना चाहता हूँ कि मेरी इल्मी, फ़ल्सफ़ियाना, समाजी और सियासी दिलचस्पियों ने मेरी इश्क़िया शायरी पर क्या असर डाला। सन् 1936 के क़रीब मेरा रुज्हान इश्तिराकियत की तरफ़ होना शुरू हुआ, लेकिन जैसा पहले ख़त में अर्ज़ कर चुका हूँ, लड़कपन ही से हुस्न-परस्ती के साथ-साथ और उससे मिली हुई मेरे अंदर कुछ और सिफ़तें भी थीं। यानी ज़िन्दगी की आला क़दरों, नेकी, ख़ुलूस, हमदर्दी, शराफ़त, इन्सानियत-दोस्ती, इल्म-परस्ती, हक़ीक़ी अज़्मत परस्ती और बाद को इश्तिराकियत का इल्म होने के पहले से सच्ची वतन-परस्ती और हिन्दुस्तान की आज़ादी, हिंदुस्तान की अज़्मत का अहसास—ये तमाम चीज़ें मेरे अंदर कार-फ़रमा थीं, इसलिए शुरू ही से मेरी

इश्क़िया-शायरी में ये तमाम मुहर्रिकातो-इक़्दार इस तरह कारगर होते रहे कि इश्क़िया जज़्बात में शराफ़त और तर्बियत-याफ़्ता इंसानियत के अनासिर घुल-मिल जाएँ। जिन्सियत या इश्क़ अगर महज़ जिन्सियतो-इश्क़ हैं तो थोड़ी-सी अच्छी इश्क़िया शायरी को ये जनम दे सकते हैं, लेकिन बुलंद इश्क़िया शायरी उस आदमी के लिए मुमकिन नहीं, जो निरी जिन्सियत या निरे इश्क़ तक अपनी दिलचस्पियाँ महदूद रखता हो। जब मैंने होश संभाला तो हिंदुस्तान में निशाते-सानिया और नई शायरी का आग़ाज़ हो चुका था। हर बेदार-मग़्ज़, रौशन-ख़याल हिंदुस्तानी की ज़िंदगी महज़ इन्फ़िरादी दिलचस्पियों की हदें तोड़ रही थी और ये अमल इश्क़िया शायरी पर असर-अंदाज़ हो रहा था। क़ौमी ज़िन्दगी में एक बड़ा-पन आने लगा था। 'दाग़' और 'अमीर' का इन्हिताती-दौर मिट रहा था। ख़ुद मेरी ज़िंदगी में इश्क़िया मुहर्रिकात के साथ-साथ जो दूसरे अच्छे मुहर्रिकात थे और क़ौमी ज़िंदगी में जो नये इक़्दार पल रहे थे, उन दोनों ने मिलकर मेरी इश्क़िया शायरी को परवान चढ़ाया। फिर सन् 1936 से इश्तिराकी फ़ल्सफ़े ने मेरे इश्क़िया शऊर और मेरी इश्क़िया शायरी को नई वुसअतें और नई मानवीयत दी। ये हक़ीक़त दोहराने की ज़रूरत है कि सिर्फ़ जिन्सियत-ज़दगी और इश्क़-ज़दगी न जिन्सियत को चमका सकती है, न इश्क़ को और न इश्क़िया शायरी को। इश्क़, उस वक़्त इश्क़ बनता है जब आशिक़ महज़ आशिक़ न हो बल्कि काफ़ी हद तक एक मुकम्मल इंसान हो। मैंने ये महसूस किया कि मेरी इश्क़िया-शायरी में और उर्दू की पिछली चौथाई सदी की शायरी में क़ौमी-ज़िंदगी की बेदारी नई तवानाइयाँ और नए इम्कानात पैदा करती जा रही है। लोग तरक़्क़ी-पसंदी को बुलंद-पाया और मुअस्सिर इश्क़िया-शायरी का दुश्मन ग़लती से समझ बैठे थे। इजाज़त दीजिए कि मैं यहाँ अपने कुछ इश्क़िया अश्आर पेश करूँ :

"ये नर्म-नर्म हवा झिलमिला रहे हैं चराग़
तिरे ख़याल की ख़ुशबू से बस रहे हैं दिमाग़
जो छुप के तारों की आँखों से पाँव धरता है
उसी के नक़्शे-कफ़े-पा से जल उठे हैं चराग़"

"फ़र्शे-मैख़ाना पे जलते चले जाते हैं चराग़
दीदनी है तिरी आहिस्ता-रवी ऐ साक़ी
ख़ाक में चोट दबी थी ये न जाने कब की
रगे-पैमाना लहू देने लगी ऐ साक़ी"

"ज़िंदगी को भी मुँह दिखाना है
रो चुके तेरे बेक़रार बहुत"

"इस पुर्सिशे-करम पे तो आँसू निकल पड़े
क्या तू वही ख़ुलूसे-सरापा है आज भी"

"हर गर्दिशे-चश्म आईना-ए-गर्दिशे-दौराँ
हर एक अदा मौजे-शराबे-तरब-आगीं
आग़ाज़े-तआर्रुफ़ ही में सद क़ुर्बते-पिन्हाँ
पहले ही निगाहों से अयाँ उल्फ़ते-देरीं
मूसा-फ़िगन-अंदाज़ से उन हाथों का उठना
है साइक़ा-ए-तूर तिरे साइदे-सीमीं
वो हर नफ़से-हुस्न में ख़ुशबू-ए-मुहब्बत
वो रंगे-गुल-अफ़्शानी-ए-लबहा-ए-निगारीं

ख़ौफ़े-तवालत से मैं अपनी इश्क़िया जमालियाती रुबाइयाँ या नज़्में पेश न करूँगा और न ग़ज़लों से ज़्यादा अश्आर की मिसालें दूँगा। लेकिन मुन्दर्जे-बाला अश्आर पर अगर आप ग़ौर करेंगे तो दो हक़ीक़तें खुल जाएँगी। पहली हक़ीक़त ये है कि इनमें कोई समाजी, सियासी, या कोई ग़ैर-इश्क़िया या इफ़ादी ख़यालात या अनासिर नहीं हैं। ये ठेठ या सौ फ़ीसदी इश्क़िया-शायरी है। लेकिन बग़ैर इल्मी, अख़्लाक़ी और सियासी मुहर्रिकात के इश्क़िया-शायरी मुमकिन भी नहीं है। जिन्सी इश्क़ ज़िंदगी की दूसरी दिलचस्पियों से दस्त-बरदार होकर या गिरेबाँ फाड़कर जंगलों में निकल जाने के बाद या तो जुनून में मुब्तिला हो जाएगा या नामर्द होकर रह जाएगा। हमारे उर्दू शुअरा जिस्मी लिहाज़ से नामर्द नहीं थे लेकिन चूँकि ज़्यादातर ये शुअरा वसीअ दिलचस्पियाँ नहीं रखते थे, इसलिए उनकी इश्क़िया-शायरी में वो क़ुव्वत या ज़िन्दगी नहीं है जो उन शुअरा की इश्क़िया शायरी में है जो हयातो-काइनात में भी दिलचस्पी रखते थे। मस्लन, 'मीर', 'आतिश', 'ग़ालिब'।

तो इश्क़िया-शायरी में मेरी कोशिश ये रही है कि शराफ़तो-सदाक़ते-जज़्बात के साथ-साथ इशारियतो-कैफ़ियते-हमागीरी, दाख़िलीयतो-मानवीयत, तख़्लीक़े-फ़िज़ा और ज़बानो-बयान में एक आलमगीर लहजा, इंसान के दिल की धड़कनें और एक आफ़ाक़ियत पैदा कर सकूँ। फ़न्नी महासिन अगर आएँ तो इन्हीं सिफ़ात और मक़ासिद को उजालने और चमकाने के लिए आएँ। दुनिया भर का इश्क़िया-अदब हर मर्तबे का है—मामूली, औसत दर्जे का और बुलंद-मर्तबा, आख़िरुलज़िक्र आफ़ाक़ी-अदब से इस्तिफ़ादा करना भी मेरा मक़सद रहा है और इस तरह इश्क़िया शायरी के लहजे

में ज़िंदगी, बुलंदी और पाकीज़गी पैदा करने में मुझे काफ़ी मदद मिली है। शख़्सियत और शायरी सिर्फ़ अपने बूते या अपने सहारे हरगिज़ बुलंद नहीं हो सकतीं। दोनों बुलंदियाँ अख़्ज़ करती हैं तहज़ीबे-इंसानी से। हर शख़्स की बुलंद शख़्सियत और हर शायर की बुलंद-पाया शायरी दूसरों की देन है। बात सिर्फ़ इतनी है कि हर ख़ासो-आम इस देन को हासिल करने की सलाहियत नहीं रखता।

मैंने अपनी इश्क़िया-शायरी में एक और उन्सुर समोना चाहा है और वो है हयातो-काइनात पर मुकम्मल ईमान। मेरे लिए इसकी बिल्कुल ज़रूरत नहीं थी कि ख़ुदा पर पहले ईमान लाकर फ़ितरत या ख़िल्क़त पर ईमान लाऊँ। यूँ तो मेरी इश्क़िया शायरी में दुख, दर्द, ग़म, आँसू, इज़्तिराब, नाकामी; सभी कुछ है, लेकिन असर इस शायरी का हयातो-काइनात से बेज़ारी नहीं है, बल्कि हयातो-काइनात पर ईमान को तक़्वियत पहुँचाना है। तसव्वुफ़ का सहारा लिए बग़ैर मजाज़ी-दुनिया की पाकीज़गी और ख़ैरो-बरकत का अहसास कराना मेरी इश्क़िया-शायरी का मक़सद रहा है। हक़ीक़त, जिसे हक़ीक़त कहते हैं वो मेरे नज़दीक इसी मजाज़ी-दुनिया का इर्तिक़ा-पज़ीर वुजूद है। अलबत्ता अब से बीस बरस पहले तक ऐनियत और तसव्वुफ़ का कुछ असर मुझ पर ज़रूर रहा है, लेकिन उन्सुरी-काइनात की तहारतो-पाकीज़गी का बराहे-रास्त अहसास मेरे अंदर हमेशा रहा है।

बहुत अच्छा जब लाहौर आऊँगा तो आप मुझसे बाक़ी बातें पूछ लीजिएगा। ये ख़तों का सिलसिला बड़ा दर्दनाक है। 'जोश' साहिब लखनऊ के मुशायरे में आएँगे तो मैं भी उनसे बात करूँगा। बात क्या करूँगा बल्कि बात पक्की करूँगा।

आपने 'अंदाज़े' के सिलसिले में जो रक़म भिजवानी थी, वह अब तक नहीं पहुँची। बराहे-करम उसका बतौरे-ख़ास ख़याल रखें।

आपका
'फ़िराक़'

8/4, बैंक रोड, इलाहाबाद
3 जुलाई, सन् 1953 ई.

बिरादरम, तस्लीम !

आपने अपने ख़त में ये क्या लिख दिया कि मैंने इश्क़िया-शायरी के पर्दे में बाज़ बहकी-बहकी बातें की हैं, तो आज ज़रा खुलकर बातें सुन लें ताकि मेरा ये बहकना मज्ज़ूबाना हद तक बेमिसाल बन जाए—ये बात भी सही नहीं है कि मैं जिन्सी मौज़ूआत पर आकर फिसल जाता हूँ। बल्कि मैं बाज़ अहम हक़ीक़तों पर आज़ादाना इज़हारे-ख़याल करना चाहता हूँ।

अच्छा तो सुनिए, आग़ाज़े-शबाब से लंबी ज़िंदगी पाने वालों की भी इश्क़िया या जिन्सी ज़िन्दगी ज़्यादा से ज़्यादा साठ सत्तर बरस तक क़ाइम रह सकती है। यानी अस्सी या नब्बे बरस की उमर तक—इस दौरान में किसी शख़्स के जितने भी महबूबो-माशूक़ हों उनसे वो ज़्यादा से ज़्यादा पाँच हज़ार बार मिल सकेगा, यानी ज़्यादा से ज़्यादा तीन-चार सौ माशूक़ों से। सोचने की बात ये है कि जिन्सी ज़िंदगी का अमली हिस्सा यानी बोसो-कनार, वस्लो-हिज्र, शुक्रो-शिकायत, वफ़ा-ओ-जफ़ा, इंतिज़ार, नामा-ओ-पैग़ाम और इसी क़िस्म की मुट्ठी भर बातें इश्क़िया ज़िंदगी के अख़ीर तक क़ाइम रहती हैं, लेकिन इन्हीं मुट्ठी भर बातों से इश्क़िया शायरी एक ही शख़्स के हाथों हज़ारहा इश्क़िया अश्आर कहलवा लेती है। मुझे अंग्रेज़ी शायर कीट्स (Keats) के एक ख़त की याद आ गई कि जिस तरह एक मकड़ी दीवार के दो-तीन नुक़्तों से जाला बुनना शुरू करती है और हज़ारहा तार और हल्क़े बना लेती है। इसी तरह शायर इने-गिने तज्रुबों के सहारे पूरा एक ऐवाने-इश्क़ खड़ा कर देता है। ये भी याद रखने की चीज़ है कि ज़्यादातर हालतों में किसी आशिक़ के माशूक़ों की तादाद दो-तीन ही ज़िंदगी भर होती है और इन माशूक़ों से दो-चार सौ बार ही ज़िंदगी भर में मिल पाता है उन दो-चार सौ मुलाक़ातों में वही मुट्ठी भर बातें अपने को दोहराती रहती हैं, आए दिन नई वारदातें नहीं होतीं और दीवान तैयार हो जाता है हज़ारों अश्आर का। अगर ये तज्रुबे नस्र में लिखे जाएँ (और अफ़साने का सहारा न लिया जाए) तो शायद चालीस-पचास सफ़हात में सब बातें बयान हो जाएँगी लेकिन ये शायर का जादू है कि एक-एक बात और एक-एक

वारदात हज़ारहा बार जनम लेती है। ये तकरारो-तजदीद जज़्बा-ए-इश्क़ के इस्तिक़लाल से पैदा होती है। मज्हूल लज़्ज़त-परस्ती तख़य्युल की मदद से क़रीब-क़रीब लामहदूदो-ख़ल्लाक़ाना सलाहियत हासिल कर लेती है। अब अगर सारा दीवान महज़ चूमा-चाटी से भरा हुआ हो तो मानना पड़ेगा कि शायर की ज़िंदगी-ओ-ज़हनियत नाकाबिले-इस्लाह हवसकारी की शिकार हैं लेकिन अगर वाक़ई किसी का दीवान लतीफ़,. पाकीज़ा, रंगीन, पुर-मानी, इश्क़िया जज़्बात और जमालियाती अहसास से मालामाल है तो हमें तस्लीम करना पड़ेगा कि शायर की जिन्सियत इश्क़ का मर्तबा हासिल कर चुकी है। वो इश्क़ भी महज़ शायर के किरदार का मुस्तक़िल जुज़्व नहीं बन गया है बल्कि शायरी के रूप में रंगारंग अंदाज़ से जलवागर हुआ है और ख़ल्लाक़ाना-ख़ुलूस ही ऐसा करा सकता है :–

"तू एक था मिरे अश्आर में हज़ार हुआ
इस इक चराग़ से कितने चराग़ जल उठे"

इस ख़ल्लाक़ी का क्या राज़ है ? चंद महदूद तज्रुबे और यादें हज़ारों नये रूप कैसे धार लेती हैं, ये ज़रा पेचीदा सवाल है, शायद बात ये है कि दाख़िली कैफ़ियात या कोई दाख़िली कैफ़ियत गिनने की चीज़ नहीं है। जिसे हम एक जज़्बा कहते हैं, जब वुक़ूफ़ या इद्राक उसे छूता है यानी जज़्बा-ए-इल्म जज़्बा बनता है तो उसके बेशुमार पहलू नज़र आने लगते हैं। इस तरह वहदत से कसरत पैदा होती है, हर हक़ीक़त एक होती हुई भी कई हक़ीक़तें बन जाती है।

एक आशिक़ की जिन्सी ज़िंदगी को या उसके जिन्सी आमाल को बेइन्तिहा अश्ख़ास बदकारियों और ग़लत-कारियों से ताबीर करते हैं :

"नर्ग़े में आ गया इश्क़े-आज़म
टूट पड़े दुनिया के कीने"

"अज़ल की सुबह से उस इश्क़ का न राज़ खुला
जो शहर-शहर है बदनाम, कू-ब-कू रुसवा"

ये राज़ अगर कहीं खुलता है तो हक़ीक़ी इश्क़िया शायरी में खुलता है या आशिक़ की ज़िंदगी के उन पहलुओं और कारनामों में खुलता है जिनका सररिश्ता लोग जिन्सी या इश्क़ी ज़िंदगी से मिला नहीं पाते।

जिन्सियत का ख़्वाहिश या हाजत-रवाई की सतह से उभरकर एक मुस्तक़िल जज़्बे की शक्ल इख़्तियार कर लेना, इसमें इर्तिक़ा-ए-हयाते-इंसानी का कौन-सा मक़सद पिन्हाँ है ? बक़ा-ए-नस्ल के लिए तो जिन्सी ख़्वाहिश या एक ख़्वाहिशे-मुर्दार काफ़ी है, इश्क़ किस मद में आता है ? मुझे तो कुछ ऐसा महसूस होता है कि एक अज़ीम

तहज़ीब में अमल की वुसअतें और उसके लिए बेशुमार पहलू मुस्तक़िल इश्क़िया जज़्बात की देन हैं :—

"इन्सान को महज़ खाते-पीते गुज़रे
इस मंज़िल से वो पाँव आगे न धरे
वहशी के अमल की इन्तिहा सैदो-शिकार
गर इश्क़ न हो अमल तरक़्क़ी न करे"

इश्क़ की ख़ल्लाक़ी महज़ शेरो-शायरी, रक़्सो-सरोद, ताजमहल, अजंता या दीगर फ़ुनूने-लतीफ़ा तक महदूद नहीं, बल्कि तहज़ीब का पूरा कारनामा उस जिन्सियत की तख़्लीक़ है, जो इश्क़ का मर्तबा हासिल कर चुकी है। अब सवाल उठता है कि कार आमद अमल या इफ़ादियत से शायरी और दूसरे फ़ुनूने-लतीफ़ा का कोई तअल्लुक़ है या नहीं ? क्या ये फ़ुनूने-तारीख़ के मक़ासिद की तकमील में मुम्मिद होते हैं या इन मक़ासिद से अलग-थलग चीज़ है ? क्या विज्दान महज़ बराए-विज्दान होता है या बराए-अमल ?

ख़तरा तो इसका हमेशा रहता है कि फ़ुनूने-लतीफ़ा आप अपने शिकार होकर रह जाएँ और नज़्रे-हालो-क़ाल होकर रह जाएँ, लेकिन शायर और उसके समाज की बेदार-मग़्ज़ी इस ख़तरे से शायरी को महफ़ूज़ रख सकती है—

"ऐ शायरे-ख़ुशनवा तेरी है वो ज़ात
जो सोई हुई जोत जगाए दिन-रात
अपनी ही लज़्ज़ते-बयाँ में न हो गुम
दम भर न छुटे मंसबे-नक़्क़ादे-हयात"

हक़ीक़ी शायराना विज्दान महज़ काइनात के वुजूद के अहसास से नहीं पैदा होता बल्कि इस वुजूद के सच्चे इल्म और उसे सच्ची तरह समझने से पैदा होता है। इस वुजूद का सच्चा इद्राक इस राज़ का इन्किशाफ़ करता है कि वुजूदे-काइनात हर लिहाज़ से एक मुतहर्रिक और तग़य्युर-पज़ीर वुजूद है। काइनात की तख़्लीक़ हो नहीं चुकी बल्कि होती जा रही है और इस मुसलसल तख़्लीक़ का ज़ामिन आदमी की ज़ात है।

यहाँ सवाल ये पैदा होता है कि अब से सैंकड़ों बरस पहले ही शायरी के मशाहीर ने अपने ज़माने की काइनात को जिस तरह समझा था वो काइनात अब बदल चुकी और वो काइनात हमें वापिस दी जाए तो हम उसे कोड़ियों के मोल भी न ख़रीदें। लेकिन 'वाल्मीकी', 'हूमर', 'वरजिल', 'कालीदास', 'फ़िरदौसी', 'हाफ़िज़', 'तुलसीदास' और 'शेक्सपियर' के कारनामे अब भी सदा-बहार बने हुए हैं। इन शायरों की दुनिया लेने से हमें इंकार है और उनके कारनामे खो देने से

भी हमें इंकार है। ये इसलिए कि माज़ी के दो पहलू होते हैं, एक वो पहलू जो हालो-मुस्तक़बिल में अपनी हैअत को तब्दील करके क़ाइम रहेगा, दूसरा पहलू वो जो अब क़ाइम नहीं है। शायर माज़ी के दोनों पहलू ज़िंदा-ए-जावेद शक्ल में पेश कर देता है और जिस माज़ी से हम उभरते हैं उसका ज़िंदा शऊर हमारे अंदर पैदा करके हमारी बदलती हुई ज़िंदगियों का तसल्सुल महफ़ूज़ कर देता है। यानी माज़ी की ज़िंदा रिवायतों की रूह को महफ़ूज़ कर देता है। हम माज़ी लेकर क्या करेंगे लेकिन हम माज़ी की मानवीयत से अगर चश्म-पोशी कर लें तो हाल को भी खो बैठेंगे। हमें हाल को माज़ी नहीं बनाना है लेकिन हाल और माज़ी में जो रिश्ता है उसे समझना अज़ हद ज़रूरी है। अगर माज़ी का अदबे-आलिया सब का सब फ़ना हो जाए तो हमें हालो-मुस्तक़बिल की तामीर में बहुत-सी रुकावटें पड़ेंगी।

आपके मज़्मून पढ़ता रहता हूँ, तारीफ़ इसलिए नहीं करना चाहता कि कहीं आप अकड़ने न लगें और यूँ हम अच्छे मज़ामीन से महरूम हो जाएँ।

और आख़िरी बात ये कि ख़फ़ा होना छोड़ दीजिए इतना सिक़ा आदमी होते हुए जब आप बच्चों की तरह रूठ जाना चाहते हैं तो बड़ा अजीब लगता है। 'फ़िराक़' और मशीन में थोड़ा-सा फ़र्क़ तो है। बहरहाल ग़ज़ल हाज़िर है और इस्लामी अदब के बारे में भी चंद सुतूर नज़्र हैं। ये आपके डॉ. एहसन फ़ारूक़ी साहिब को क्या हो गया है। पहले तो अच्छे-भले थे, अब इनकी बीमारी लाइलाज मालूम होती है। पिछले दिनों सख़्त बीमार रहा हूँ, इसलिए जल्द जवाब न दे सका। मजबूरी थी।

आपका
'फ़िराक़'

8/4, बैंक रोड, इलाहाबाद
17 जुलाई, 1953

बिरादरम, तस्लीम !

आज मैं आपको बड़ा माक़ूल क़िस्म का ख़त लिखना चाहता हूँ। मौज़ूअ तो आपका है लेकिन लिखूँगा तो मैं। कई दिनों के बाद आज तबीअत संभली है। अगर क़लम भी संभल-संभल के चला तो मुझे वह लुत्फ़ न आ सकेगा जो क़लम के फिसलने में है। बहरहाल मस्अला बड़ा नाज़ुक सा छेड़ रहा हूँ। वो ये कि मैं अपनी शायरी से ख़ुश ही ख़ुश हूँ या किसी क़द्र नाआसूदा भी हूँ। मैं माक़ूलो-मुनासिब हद तक अपने कलाम के उस हिस्से से आसूदा-ओ-मुत्मइन हूँ, जिसे मैं अच्छा समझता हूँ, लेकिन अपने किसी शेर, ग़ज़ल, रुबाई या नज़्म को हर्फ़े-आख़िर नहीं तस्लीम करता। 'मीर', 'ग़ालिब', 'आतिश', 'इक़बाल' तक के बुलंद-तरीन कलाम को उर्दू-शायरी का हर्फ़े-आख़िर नहीं समझता। अपने कलाम के जिन हिस्सों को मैं ग़ैर-जानिबदार होकर पसंद करता हूँ, उनकी भी मुख़्तलिफ़ सतहें हैं, मुख़्तलिफ़ क़दरें और मुख़्तलिफ़ रुतबे; मेरा हर अच्छा शेर अज़ीम-तरीन शायरी नहीं है। मैं जैसी अच्छी और जितनी अच्छी शायरी कर सका हूँ, उससे कहीं अच्छी शायरी का तसव्वुर कर सकता हूँ।

अगर मुझे अपने पूरे कलाम पर नज़रे-सानी करने की फ़ुर्सत मिली (मैं इस फ़ुर्सत को पैदा करने की कोशिश कर रहा हूँ) तो मैं अपने बहुत से अश्आर को और भी चमका देने की उम्मीद रखता हूँ। ख़ासकर ग़ज़ल के अश्आर और अपनी बहुत-सी रुबाइयों को; इन्हें फिर से छूने की ज़रूरत है (They need retouching)। अभी मेरे तहतुश्शऊर में सैंकड़ों और ग़ज़लें इस तरह गुनगुना रही हैं कि मैं गुनगुनाहट सुन नहीं सकता। सिर्फ़ ऐसा महसूस करता हूँ कि मेरे अंदर एक गुनगुनाहट-सी हो रही है और बस।

अपनी नज़्मों के बारे में मैं ये महसूस करता हूँ कि मज्मूई तौर पर उनमें कई ख़ूबियाँ हैं, लेकिन जितनी नज़्में मैं कह सका हूँ उनकी दस गुनी तादाद या मिक़्दार में नज़्में कहना चाहता हूँ। मेरी दो नज़्में अदबी और तालीम-याफ़्ता हल्क़ों में बहुत सराही गईं। अगरचे ये दोनों नज़्में ग़ैर-मुक़फ़्फ़ा हैं, लेकिन आपके

हज़रते-'जिगर' मुरादाबादी ऐसे सरापा-ग़ज़ल शायर और हज़रत 'जोश' मलीहाबादी जैसे सरापा-नज़्म शायर ने बारहा उन पर वज्द किया और जी खोलकर दाद दी और अगरचे उन नज़्मों में कोई खुला-ढला मक़सद नहीं है बल्कि मंज़र-निगारी और तख़्लीक़े-फ़िज़ा है फिर भी अली सरदार जाफ़री और उनके हमनवाओ-हमअस्त्र शुअरा ने जी खोलकर उनकी दाद दी। ये दो नज़्में हैं 'आधी रात' और 'परछाइयाँ'। अकसर ख़याल आता है कि इस अंदाज़ में कम-अज़-कम दस नज़्में और हों। मेरी एक और नज़्म है 'रक़्से-शबाब', जिसे मैं बहुत अच्छी जमालियाती नज़्म समझता हूँ और जो उर्दू के तमाम मशाहीर से दाद हासिल कर चुकी है। दो-चार ऐसी और नज़्में कहना चाहता हूँ। अपनी तरक़्क़ी-पसंद नज़्मों में 'दास्ताने-आदम', 'रोटियाँ' और कुछ दूसरी नज़्में मुझे पसंद हैं। मैं इनसे भी बुलंदतर अंदाज़न पचास नज़्में कहना चाहता हूँ।

मैं न तो 'इक़बाल', 'जोश', 'चकबस्त' की तक़लीद करना चाहता हूँ (अगरचे उनके महासिन कलाम का मुझे एतराफ़ है), न यूरोप के शुअरा की सौ फ़ीसदी तक़लीद करना चाहता हूँ, लेकिन प्रोफ़ेसर कलीमुद्दीन के इस बयान से मुत्तफ़िक़ हूँ कि उर्दू की नज़्में भी ग़ज़लीयत-ज़दा हैं। मैं चाहता हूँ कि वर्ड्स वर्थ, कीट्स, शैले, कोलरिज, टैनिसन, मैथ्यूआरनल्ड, स्विनबर्न वग़ैरा शुअरा के उस्लूब और तकनीक में जो ख़ल्लाक़ाना सलाहियतें मिलती हैं और घुलावट और नग़मगी के साथ जो संजीदगी मिलती है उस नमूने की कुछ नज़्में कह सकूँ, कुछ ऐसी नज़्में कह भी चुका हूँ।

हमारे नए शुअरा ग़ैर-मुक़फ़्फ़ा नज़्म में जो कोशिशें कर रहे हैं मैं उसे सराहता हूँ लेकिन मुक़फ़्फ़ा शायरी के इम्कानात अभी ख़त्म नहीं हुए। इंग्लिस्तान की शायरी उर्दू शायरी से बहुत पुरानी है लेकिन आज तक उसमें रंगारंग मुक़फ़्फ़ा शायरी हो रही है। अगरचे अंग्रेज़ी शायरी के जनम-दिन से उसमें ग़ैर-मुक़फ़्फ़ा नज़्म दाख़िल हो चुकी थी। अंग्रेज़ी के मशहूर Ode ऐसी चीज़ें हैं जिन्हें हम अपनी मुक़फ़्फ़ा शायरी के लिए नमूना बना सकते हैं।

अपनी शायरी की ख़ूबियों और उस में जो कमी महसूस करता हूँ, उसके बारे में मैं इज़हारे-ख़याल कर चुका। इस दौर के शायरों से गुज़ारिश करूँगा कि वो उन्नीसवीं सदी की मग़्रिबी शायरी का बग़ौर मुतालआ करें और क़दीम मशाहीरे-उर्दू को बार-बार पढ़ते रहें। क़दीम अदब से इस्तिफ़ादा किए बग़ैर काम न बनेगा। लेकिन क़दीम अदब का शिकार हो जाने से भी काम न बनेगा। मुहावरे, रोज़मर्रा फ़साहत, टकसाल और वो दीगर महासिने-शेरी जिनके नमूने क़दमा पेश कर चुके हैं, उन्हें नज़र-अंदाज़ करके हमारे नये शायर कहीं के न रहेंगे। हाँ, नये उस्लूब ज़रूर पैदा किए जाएँ, रिवायतों की ज़ंजीरें ज़रूर तोड़ी जाएँ लेकिन जो कुल्लिये शायरी को ज़िंदगी बख़्शते हैं उनका ज़रूर लिहाज़ रखा जाए। महज़ नई बात कह

देने से या नए अंदाज़े-बयान से या चौंका देने वाली बात कह देने से शायरी ज़िंदा नहीं रह सकती। हमारी शायरी महज़ मुख़्तलिफ़ अफ़्राद के दिमाग़ों की उपज रह कर ज़िंदा नहीं रह सकती। नई शायरी जभी ज़िंदा रहेगी, जब वो हमारी तहज़ीब और हमारे क़दीम अदब की देन हो। हमने अपनी शायरी को अपने और दुनिया के क़दीम मुस्तनद अदब का सहारा लेकर नया बनाना है। एक बात और अर्ज़ कर दूँ, अंग्रेज़ी के एक बड़े अदीब का मक़ूला है कि अज़ीम अदब शाज़ ही अदबी होता है (Great literature is seldom literary)। मैं शुरू ही से अदब को अदबी ज़बान देने के बदले ज़िंदगी की ज़बान देने की कोशिश करता रहा हूँ। ज़बान-दानी का हक़ीक़ी मफ़्हूम है हयात-दानी-ओ-हयात-शनासी।

आपका
'फ़िराक़'

8/4, बैंक रोड, इलाहाबाद
5 अगस्त, 1953

बिरादरम, तस्लीम !

इस ख़त में उन मुबाहिस पर मज़ीद रोशनी डालने की कोशिश करूँगा, जो मेरे पहले ख़ुतूत में ज़ेरे-ग़ौर रहे हैं। और मैं आपकी उन बातों में न उलझूँगा जिनमें आपने अड़ंगे लगाए। बस मेरी बातों को चुपके से सुनते जाइए। जब आज से पहले का अदब मौजूदा तहज़ीब का एक ज़िंदा जुज़्व बन चुका है तो ये अम्र लाज़िमी हो जाता है कि हर नमक हलाल शायर क़दमा से अपने मिज़ाजो-सलाहियत के मुताबिक़ इस्तिफ़ादा करे। मैंने उर्दू और दूसरी ज़बानों की अच्छी शायरी से बहुत कुछ हासिल किया है लेकिन मैंने ये कभी नहीं चाहा कि मैं 'मीर', 'ग़ालिब', 'नज़ीर' अकबराबादी, 'आतिश', 'इक़बाल', 'जोश' या किसी भी मशहूर उर्दू शायर का तब्अ-ए-दुवुम बन कर रह जाऊँ। मेरा यक़ीन है कि अगर मेरे कलाम से तमाम मक़्ते काट दिए जाएँ और दूसरे मशाहीरे-उर्दू के नुमाइन्दा कलाम से उनके मक़्ते काट दिए जाएँ और उन सबको गड-मड करके एक पुलिंदा बना दिया जाए तो अहले-नज़र हज़रात इस बेनामो-तख़ल्लुस पुलिंदे में से मेरा और दूसरे शुअरा में हर एक का कलाम अलग-अलग कर लेने में क़रीब-क़रीब सौ फ़ीसदी कामयाब हो जाएँगे। लेकिन अगर दौरे-हाज़िर या गुज़श्ता अदवार के दोयम और सोयम मर्तबे के शुअरा का कलाम इसी तरह गड़-गड़ कर दिया जाए और नवाब जाफ़र अली ख़ाँ 'असर' के मज्मूए 'बहाराँ' की ग़ज़लों से मक़्ते काटकर इस दोयम और सोयम दर्जे की शायरी के पुलिंदे में मिला दी जाएँ तो इन शुअरा के कलामों को अलग-अलग करने में किसी को कामयाबी न होगी। कमज़ोर शायरी ख़्वाह उसे कितना ही रचाया और सँवारा जाए, ख़तो-ख़ाल और शख़्सियत से महरूम रहती है। लेकिन ये भी नहीं भूलना चाहिए कि 'मीर' और 'ग़ालिब' से कमतर हैसियत का शायर साहिबे-तर्ज़ नहीं हो सकता। 'जुर्रत' व 'नासिख़', 'मीर' व 'ग़ालिब' से बहुत कमतर हैं। लेकिन 'जुर्रत' व 'नासिख़' दोनों साहिबे-तर्ज़ ज़रूर हैं। अब अगर कोई शायर दोयम या सोयम दर्जे की शायरी करता हुआ भी ऐसी कमज़ोर शायरी करता है कि उसका कोई अपना रंग न बन पाये, उसकी शायरी में नुमायाँ ख़तो-ख़ाल न पैदा हों, जिन

में उस शायर का कोई शरीक नहीं तो उस शायरी को हम जान तो सकते हैं लेकिन उसे न हम मान सकते हैं न पहचान सकते हैं।

मैंने इरादतन इसकी कोशिश नहीं की कि अपने तर्ज़े-कलाम की डेढ ईंट की मस्जिद अलग बनाऊँ। अगर मेरे कलाम का एक नुमायाँ और मख़्सूस रंग है और एक मख़्सूस तर्ज़ है तो ये इम्तियाज़ात मेरी शायराना शख़्सियत से मेरे कलाम में दाख़िली तौर पर पैदा होते गए। अलबत्ता मेरी शायरी के आग़ाज़ से पाँच-सात बरस तक (जिसे दौरे-तज्रुबा कह सकते हैं) मेरे कलाम में तक़लीद का उन्सुर क़दरे ज़्यादा है और मेरी आवाज़ ज़रा दबी-दबी-सी है।

लेकिन जैसा अर्ज़ कर चुका हूँ, एक मख़्सूस रंग और नुमायाँ ख़तो-ख़ाल दोयम, सोयम दर्जे की शायरी में भी पाए जा सकते हैं। बुलंद-मर्तबा शायरी या वो शायरी जिसे हम अदबियाते-आलिया कहते हैं, उसमें एक मुन्फ़रिद शख़्सियत के इलावा फ़न और ज़िंदगी की आला-क़दरों का मरकज़ी जौहर है। हयातो-काइनात की अज़्मत, आफ़ाक़ी वुस्अत, हयातो-काइनात पर अटल ईमान और हयातो-काइनात से बेकराँ मुहब्बत, ये मरकज़ी जौहर इश्क़िया-शायरी और दीगर मौज़ूआत की शायरी, दोनों को अज़्मत अता करता है। 'आतिश' और 'आतिश' के शागिर्दों को लीजिए। 'आतिश' की उस्तादी का राज़, उनकी ज़बान-दानी तब्बाई, ज़हानत, मज़्मून-आफ़रीनी में उस हद तक नहीं है जिस हद तक 'आतिश' के तफ़क्कुर की आफ़ाक़ियत में वो राज़ पिन्हाँ है और कलामे-'आतिश' की आफ़ाक़ियत के मिज़ाज में मन्तिक़ी तौर पर मुमकिन है कि कई मौज़ूआत पर जो और जिस तरह 'आतिश' ने सोचा, उसी तरह 'रिन्द' और 'सबा' ने भी सोचा हो लेकिन वो मौज़ूआत 'आतिश' के विज्दान में उससे ज़्यादा दूर-रस, मुअस्सिर, पुर-अज़्मत और पुर-कैफ़ बन गए जितना वो 'रिन्द' और 'सबा' के विज्दान में बन सके थे। बुलंद-शायरी फ़िल-हक़ीक़त जमालियाती अज़्मत का तलाश है।

जिन्सियत और इश्क़ के बारे में पहले के ख़ुतूत में कई बातें कह चुका हूँ। आज ये कहना है कि बड़े आशिक़ का इश्क़ इतना बड़ा नहीं होता जितना बड़े 'इंसान' का इश्क़ होता है। बज़ाहिर जिन्सियत महज़ जिन्सियत है, लेकिन शेक्सपियर, कालीदास, हाफ़िज़, गेटे, दाँते की जिन्सियत अवाम की जिन्सियत से बहुत बुलंद तर चीज़ है। इश्क़ सिर्फ़ दिल का मुआमला नहीं है बल्कि दिल से ज़्यादा दिमाग़ का मुआमला है। छोटे दिमाग़ का आशिक़ बड़े से बड़ा आशिक़ होकर भी कोरा या निरा आशिक़ होता है, बड़ा आशिक़ नहीं होता। ऐसा आदमी अगर माशूक़ पर मिट-मिट जाए, अपने शिद्दते-ख़ुलूस से अगर वो अपने जिस्म का छलनी भी कर डाले या जंगलों में निकल जाए या माशूक़ की ख़िदमत के लिए अपनी ज़िंदगी क़ुर्बान कर दे, पागल भी हो जाए, ख़ुदकुशी भी कर डाले या जो कुछ करे, बुलंद दिलो-दिमाग़ वाले आशिक़ों की बराबरी नहीं कर सकता। ख़्वाह आख़िरुलज़िक्र

कोई ड्रामाई या ग़ैर-मामूली हालत अपनी न बनाएँ और कुछ हँस-खेलकर वारदाते-इश्क़ को बर्दाश्त कर लें। वफ़ा के मोजिज़े दिखाना बड़े आशिक़ का काम नहीं है। यूँ तो 'मीर' ने कहा है :—

"परस्तिश की, ऐ बुत, यहाँ तक तिरी
नज़र में सभूँ की ख़ुदा कर चले"

लेकिन ये परस्तिश दरे-जानाँ पर जबीं-साई या रोने या गिड़गिड़ाने का नाम नहीं है। ये एक दाख़िली अमल है, इस दाख़िली अमल से हुस्न के इक़्दार की तख़्लीक़ होती है। जिन्सियत बजाय बक़ा-ए-नस्ल की ज़ामिन होने के इर्तिक़ा-ए-तहज़ीब की ज़ामिन बन जाती है। किसी मुफ़क्किर का बयान है कि एक तर्बियत-याफ़्ता नाकाम आशिक़ देवता मालूम होता है। जो लोग जिन्सियत को इश्क़ से ख़ारिज करना चाहते हैं वो ये भूल जाते हैं कि ऐसा इश्क़ नाकाम हो ही नहीं सकता। जब 'हसरत' मोहानी कहते हैं :—

"देखना भी तो उन्हें दूर से देखा करना
शेवा-ए-इश्क़ नहीं हुस्न को रुस्वा करना"

तो ये अफ़लातूनी इश्क़ महज़ एक बराए-बैत चीज़ होकर रह जाती है और इस दूर से देखने में भी जादू कारगर है, ये जिन्सियत ही का जादू है।

यही बात हम अफ़राद से गुज़र कर क़ौमों और तहज़ीबों के लिए कह सकते हैं। वहशी या नीम-मुहज़्ज़ब क़ौमें इसकी मिसालें तो पेश कर सकती हैं कि उनके कई अफ़राद जज़्बा-ए-इश्क़ के तहत आग में कूद पड़े लेकिन ऐसी क़ौमों का इश्क़ इन मिसालों से बड़ा इश्क़ नहीं बन जाएगा। अलबत्ता क़ाबिले-क़द्र इश्क़ ज़रूर रहेगा। क्योंकि इश्क़ का मक़सद माशूक़ से विसालो-क़ुर्ब के इलावा जज़्बा-ए-इश्क़ और अहसासे-जमाल को बुलंद बनाना है और आगे बढ़कर तहज़ीबो-तमद्दुन की तख़्लीक़ करना है। शेक्सपियर की इश्क़िया शायरी मल्लिका एलिज़बेथ के ज़माने के ग़ैर इश्क़िया अज़ीम कारनामों से ग़ैर-मुतअल्लिक़ नहीं है। शेक्सपियर की शायरी, बेकन की तस्नीफ़ात, नई दुनिया की दरयाफ़्त, इंग्लिस्तान की निशाते-सानिया, ये सब एक ही तारीख़ी अमल या दौर की पैदावार हैं। हमारी उर्दू शायरी ने किसी बड़ी क़ौमी ज़िंदगी की आग़ोश में न जनम लिया था न परवान चढ़ी। जैसा पहले अर्ज़ कर चुका हूँ ख़ुद मेरी शायरी में अगर वाक़ई कुछ बड़ी चीज़ें हैं तो वो सबकी सब ईजादे-बंदा नहीं हैं, बल्कि इस हिंदुस्तान की देन हैं। जिसकी निशाते-सानिया राजा राममोहन राय के वक़्त से शुरू हो चुकी थी। जो इश्क़िया शायरी एक बड़ी क़ौमी ज़िंदगी और एक बड़ी और ज़िंदा तहज़ीब की पैदावार होगी, वो क़ौम के लिए छोटे हाल-क़ाल या महज़ तफ़न्नुने-तबअ का बाइस न बनेगी, बल्कि विज्दानो-तफ़क्कुर

की एक बड़ी यूनीवर्सिटी होगी। बड़ी इश्क़िया शायरी में जहाँ एक तरफ़ माशूक़ होता है वहाँ दूसरी तरफ़ क़ौमी ज़िंदगी और उसके इम्कानात होते हैं।

एक और मसुअले पर भी इज़हारे-ख़याल करना चाहता हूँ। माशूक़ ज़हनी और अख़्लाक़ी तौर पर कोई फ़ौक़ुलइंसान नहीं होता बल्कि एक मामूली इंसान होता है। तो क्या उसका इस तरह गिर्वीदा हो जाना कि उससे क़ीमती इंसान का तसव्वुर भी नामुमकिन हो जाए, एक झूठ या मुबालग़ा नहीं है ?

'सौदा' जो तिरा हाल है इतना तो नहीं वो
क्या जानिए तूने उसे किस आन में देखा''

मुहब्बत की मशहूर दास्तानों या वाक़ियों के माशूक़ अपने ज़माने के हसीन-तरीन इंसान नहीं थे। लेकिन नाक़ाबिले-बर्दाश्त जिन्सी कशिश आशिक़ में पैदा कर देते थे और ग़ैर-मामूली दिलो-दिमाग़ रखने वाले दिलों में दुनिया के हसीन-तरीन इंसान नज़र आते थे। अक़्ली तौर पर तो ये एक भरम है, लेकिन इस भरम में एक राज़ पोशीदा है और वो राज़ बक़ा-ए-नस्ल नहीं है बल्कि इर्तिक़ा-ए-नस्ल है, बक़ा-ए-तहज़ीब नहीं है बल्कि इर्तिक़ा-ए-तहज़ीब है। माशूक़ के जमाल की ये दाख़िली कशिश मज्मूई हैसियत से एक बेहतर नस्ल और बेहतर तहज़ीब की ज़ामिन है। जिन्सियत शदीद जज़्बात के सहारे बेहतर नस्ल पैदा कर सकती है। ये ज़रूरी नहीं कि अगर किसी मर्द और औरत में इंतिहाई इश्क़ हो तो औलाद बहुत बुलंद-तर पैदा होगी, लेकिन इम्कान बेहतर औलाद पैदा होने का ज़रूर है। औलाद की तरक़्क़ी में सबसे ज़्यादा हिस्सा माँ-बाप की बाहमी मुहब्बत है, अगरचे और चीज़ों का भी इस मुआमले में हिस्सा है। फिर भी वालिदैन की बाहमी मुहब्बत बच्चे की ज़िंदगी को जन्नत बना देती है यानी उसे तरक़्क़ी के बेहतरीन इम्कान फ़राहम कर देती है।

लेकिन हमजिन्सों की पुर-ख़ुलूस जिन्सी मुहब्बत से औलाद तो नहीं पैदा होती, फिर इससे तहज़ीब को क्या फ़ायदा होता है ? एक फ़ायदा आशिक़ो-माशूक़ की ज़िंदगियों में एक लताफ़त पैदा हो जाना और दोनों की शख़्सियतों की तालीफ़ो-तहज़ीब, दूसरे अगर आशिक़ की शख़्सियत माशूक़ से बड़ी है तो माशूक़, ''जमाले-हमनशीं दर मन असर कर्द'' के मिस्दाक़ बहुत कुछ बन सकता है, बहुत कुछ हो सकता है। लेकिन जैसे पहले अर्ज़ कर चुका हूँ हमजिन्सों से मुहब्बत इने-गिने अफ़राद तक महदूद रहे तो अच्छा है। फिर अगर ऐसी मुहब्बत में तरफ़ैन में से कोई शायर, फ़नकार या किसी दूसरी कार-आमद दिलचस्पियों का हामिल है तो ये मुहब्बत उसकी इन दिलचस्पियों को परवान चढ़ाने में बहुत मदद दे सकती है। यहाँ भी वही बात कही जाएगी। वैसी छिछोरे आदमियों की अम्रद-परस्ती को सुक़रात या बहुत से गुमनाम लेकिन शाइस्ता-तहज़ीब या शाइस्ता-इश्क़ उश्शाक़ की अम्रद-परस्ती से कोई निस्बत नहीं। हर अम्रद-परस्त ग़ुंडा या शोहदा नहीं हुआ

करता और न मुहज़्ज़बे-अख़्लाक़ होता है। एडवर्ड कारपेंटर की तस्नीफ़ात इस नाज़ुक मस्अले पर बहुत बसीरत अफ़रोज़ हैं।

देखिए, मैं इन ख़तों में कितनी मेहनत कर रहा हूँ ताकि आपको मेरी ज़ात, मेरे ख़यालात के बारे में ज़्यादा से ज़्यादा मालूमात हासिल हों। ये भी वाक़िया है कि मैंने आज तक किसी से भी इतनी खुलकर बातें नहीं की हैं। न जाने क्या बात है कि मुझे आपकी हर बात की तामील में ज़हनी-सुकून हासिल होता है। अब मुझे अपनी ज़िंदगी पर कोई भरोसा नहीं रहा, न जाने कब मर जाऊँ। काफ़ी उमर हो गई है, कब तक शेर कह-कह कर जी सकूँगा और मुझे ये उम्मीद भी है कि आप मेरी ज़िंदगी में या मेरे मरने के बाद एक मज़्मून लिख सकेंगे, जिससे मेरी भरपूर शख़्सियत सबके सामने आएगी। क्या ये करम मेरी ज़िंदगी के बाद होगा, या ज़िंदगी में,

आपका
'फ़िराक़'

8/4, बैंक रोड, इलाहाबाद
16 अगस्त, 1953

बिरादरम, तस्लीम !

ये आपने सही कहा कि मैंने उर्दू को नए अल्फ़ाज़, नई तश्बीहात और नए इस्तिआरे दिये हैं, लेकिन मेरा दिल इतना कुछ करने और कहने पर भी मुत्मइन नहीं हुआ। चाहता हूँ कि उर्दू के लिए कुछ कर जाऊँ, जो अब तक किसी ने न किया हो। शेर मेरी ज़िंदगी है और उर्दू उसका ज़रिया। इस तरह उर्दू मेरी ज़िंदगी ठहरी और अपनी ज़िंदगी से किसे मुहब्बत नहीं होती।

मैं अपने ज़ाती किरदार और कलाम के मुतअल्लिक़ ये कभी नहीं सोचता कि "ईं चुनी दीगरे नीस्त"। मैं बसा औक़ात अपने किरदारो-कलाम का ग़ैर-जानिबदाराना और सूझ-बूझ के साथ जाइज़ा लेने की कोशिश करता हूँ, अपने किरदार में कई कमज़ोरियाँ पाता हूँ। बचपन ही से मैं एक मग़्लूबुलग़ज़ब शख़्सियतो-किरदार का अपने आप को हामिल पाता रहा हूँ। बचपन ही से ख़ास मौक़ों पर मेरे अंदर का ज्वालामुखी फूट जाया करता था। मैं मग़्लूबुलनफ़रत भी अपने आप को पाता हूँ। लगभग अधेड़ उमर तक तो मैं अपनी दोनों बिदअतों को तकलीफ़-दह सिफ़ात समझता हुआ भी इन पर फ़ख़्र किया करता था। जिन लोगों में गुस्से की कमी या नफ़रत की कमी पाता, उन्हें मैं अख़्लाक़न नामर्द समझता था।

मेरे अंदर ये नीम-वहशियाना सिफ़ात ग़ाबिलन मेरी माँ के असर से पैदा हुईं, लेकिन मेरी माँ का गुस्सा कभी-कभार का होता था और वो बहुत जल्द अपने गुस्से को भूल जाया करती थीं मुझ पर ग़ैज़ो-ग़ज़ब के दौरे ज़रा जल्द-जल्द पड़ते थे और मैं ज़रा देर में अपना गुस्सा भूला करता था। शिद्दते-इद्राको-शिद्दते-अहसास की वजह से जो चीज़ मुझे बुरी लगती थी, वो हर लम्हा मेरी नज़र में बद से बदतर होती जाती थी। अगर ये गुस्सा मुलाज़िमों पर आया तो मैं गाली-गलौच और मार-पीट तक उतर आता था। अगर दूसरों पर आया तो क़रीब-क़रीब ख़ून और क़त्ल कर देने के जज़्बात से मैं पगला उठता था। मैं उन लोगों तक से नफ़रत करने लगता था जो गुस्से को बुरी चीज़ कहते थे। गुस्से की बुराई सुनकर ही मुझे गुस्सा आ जाता था। अब तक मेरी कुछ ऐसी हालत है कि चंद अश्ख़ास के तसव्वुर से मेरा

जी चाहता है कि बुरी तरह पीटें ताकि उनकी तमाम शरारतें और हराम-ज़दगियाँ दूर हो जाएँ।

मेरे अंदर से मग़्लूबुलग़ज़ब और मग़्लूबुलनफ़रत होने की ख़ुसूसियतें सिने-शऊर तक पहुँचते-पहुँचते यक़ीनन ग़ायब हो जातीं या बहुत कम रह जातीं अगर मेरी इज़्दिवाजी-ज़िंदगी मेरे लिए अज़ाब न होती। सत्रह बरस की उम्र से यानी जब से मेरी शादी हुई मेरा वुजूद ग़ुस्से और नफ़रत का एक पक्का हुआ फोड़ा बनकर रह गया है। दूसरी शादी का हौसला नहीं रह गया था और बीवी को मुस्तक़िल तौर पर उसके मैके भेज देना, ये भी बड़ा ज़ुल्म मालूम होता था। इसलिए साथ रहना और बराबर ग़ुस्सा-ओ-नफ़रत, बेदिली और बद्‌दिली के साथ जीते रहना मेरे हिस्से में आया। ग़ौरो-फ़िक्र के बाद मैं कुछ-कुछ ये समझने लगा और अब तक समझता रहा हूँ कि ग़ुस्सा-ओ-नफ़रत अगर वो अफ़राद के ख़िलाफ़ है तो इससे सिवाय अपने आप को तकलीफ़ पहुँचने के और कोई फ़ायदा नहीं होता। अगर मेरी शादी ऐसी औरत से होती, जिससे मैं काफ़ी हद तक आसूदा होता, क्योंकि तहे-दिल से और अपनी मरकज़ी फ़ितरत से मैं यही चाहता था कि दुनिया भर को अपनी मुहब्बत से नहला दूँ। इज़्दिवाजी ज़िंदगी से शदीद तल्ख़ी मेरी ज़िंदगी में न आई होती तो इससे कई फ़ायदे होते, उधर ख़रीदी हुई मुहब्बत का मैं क़ाइल नहीं था। और पेशेवर तवायफ़ों को छोड़कर भले घर की औरतों से बेतकल्लुफ़ होकर मिलना मेरे ज़माने में क़रीब-क़रीब नामुमकिन था।

मैं बता चुका हूँ कि मेरे नज़दीक जिन्सियत महज़ शहवत या मुबाशरत कभी नहीं रही, बल्कि एक मुकम्मल साज़े-जिंदगी रही है। इस साज़ का मरकज़ी तार तो मुहीब आवाज़ें पैदा करता रहा है, यानी वो तार जिसका तअल्लुक़ मेरी इज़्दिवाजी ज़िंदगी से था, दूसरे तार यानी ग़ैर-इज़्दिवाजी रूमानों के तार कभी-कभी ख़ुश-आहंग व ख़ुश-आयन्द नग़मे पैदा करते थे। लेकिन अकसर या तो ख़ामोश हो जाते थे या नाहमआहंग आवाज़ें पैदा करते थे। इस तरह ग़ुस्सा-ओ-नफ़रत के तूफ़ान मेरे अंदर से रफ़ा-दफ़ा न हो सके। लेकिन मेरी शख़्सियत की जड़ें ये आँधियाँ उखाड़ न सकीं। मेरी इल्मी दिलचस्पियाँ बुलंद-अख़्लाक़ी क़द्रों को अपने तख़य्युल में जगह देने का अमल, ज़िंदगी के ख़ूबसूरत तसव्वुरात, सियासी और इंसानी उमूर से शाइस्ता दिलचस्पी, ये तमाम बातें मेरी ज़िंदगी में जारी हैं। अमली ज़िंदगी की नफ़रत, शायराना ज़िंदगी में मुहब्बत, नेकी, नर्मी और शराफ़त के फूल खिलाती रही :—

"रियाज़े-दहर में बू-ए-निशात फैल गई
निहाले-ग़म के भी क्या-क्या गुलो-समर निकले"

इज़्दिवाजी और इश्क़िया ज़िंदगी के मुसलसल ग़म ने मुझे हरीमे-ग़म के पोशीदा-तरीन मुक़ामात से हमआहंग कर दिया, मैं अपने ग़म को आज़माइशों से

पराया ग़म समझने और उससे हमआहंग होने की तरफ़ माइल होने लगा और मैं ग़म की मानवीयत समझने लगा। नीत्शे का ये फ़िक़रा मेरे लिए बहुत मानी-ख़ेज़ हो गया है, "Progress in the spiritulisation of pain" यानी कर्ब के रूहानी बन जाने का नाम भी तरक़्क़ी है। इस ख़याल के तहत मैंने ये शेर कहा है

"मिट जायें ज़माने से सरासर ग़मो-अन्दोह
होना नहीं आया अभी इन्सान को ग़मगीं"

ग़म उमूमन शुरू होता है किसी ज़ाती सानिहे से, लेकिन अगर सही मानों में किसी को तौफ़ीक़े-ग़म हुई हो तो यही ग़मे-हयातो-काइनात की मानवीयत के समझने का ज़रिया बन जाता है और इसमें आफ़ाक़ियत आ जाती है।

ग़म ने हयातो-काइनात पर जो मेरा अटल ईमान था उसे बजाय कमज़ोर बनाने के और मुस्तहकम बनाया। ग़म का उन्सुर वुजूद के मरकज़ी अनासिर में से है और निशात का उन्सुर भी। इर्तिक़ा-ए-हयाते-इन्सानी में वो मौक़े बहुत सईदो-मुतबर्रिक होते हैं जब इन दोनों उन्सुरों का संगम होता है और उनकी वहदत का अहसास होता है। अमल-पज़ीर वुजूद का ये अहसास बहुत वज्द-आवर होता है और ज़िंदगी में एक बुलंद संजीदगी और तवाज़ुन पैदा कर देता है, अब तअय्युनात के पर्दे उठ जाते हैं। "खुलता है अभी पल में तिलिस्मात जहाँ का" वाली मंज़िल में शऊरे-इंसानी क़दम रखता है। एक रुबाई में मैंने इस तरफ़ इशारा किया है :–

"हर साज़ से होती नहीं ये धुन पैदा
होता है बड़े जतन से ये गुन पैदा
मीज़ाने-निशातो-ग़म में सदियों तुलकर
होता है हयात में तवाज़ुन पैदा"

ग़मो-निशात की असली हक़ीक़त जब हम पर खुलती है तो ग़मो-निशात फिर ग़मो-निशात नहीं रह जाते, बल्कि अमल-पज़ीर वुजूद का सही-तरीन तसव्वुर बन जाते हैं। वुजूद के इसी तमव्वुज को हम ग़मो-निशात अपनी इस्तिलाह में कहते हैं। मिर्ज़ा 'यगाना' ने क्या शानदार रुबाई कही है :–

"कोई तुझको पुकारता जाता है
कोई हिम्मत हारता जाता है
कोई तह को सिधारता जाता है
दरिया है कि मौज मारता जाता है"

ये ख़त भी और ख़तों की तरह ख़ासा तवील हो गया है, अपनी कुछ और ज़ाती कमज़ोरियाँ बयान करना चाहता हूँ। अब तो मैं मग़लूबुलग़ज़ब अपने को उस

दर्जे तक नहीं पाता, जितना अब से कुछ पहले पाता था। फिर भी शराब के नशे में अगर मैंने कोई नाख़ुशगवार असर ले लिया तो हद से तजावुज़ कर जाता हूँ और ग़ुस्से की रौ में बह जाता हूँ। 'जोश' ने मेरे बारे में सही कहा है कि ऐसी हालत में ख़ुदा 'फ़िराक़' से विसाल होने से बचाए, लेकिन मैं अपने मुहतरम दोस्त 'जोश' साहिब को और दूसरे अहबाब को यक़ीन दिलाना चाहता हूँ कि अब मैं इस बात से बहुत चौकन्ना रहता हूँ कि मुझे नशे में ग़ुस्सा न आए और अगर आए तो हद से तजावुज़ न करने पाए। ग़ुस्से के बाद मेरा पछतावा नाक़ाबिले-बर्दाश्त कर्ब की सूरत इख़्तियार कर लेता है। और 'जोश' की दिल-शिकनी हुई है जब तक वो मुझसे साफ़ न हो जाए मैं बहुत दुखी रहता हूँ। ग़ुस्से से ही मुतअल्लिक़ मेरे अंदर एक और कमज़ोरी है वो ये कि जब कोई बहस छिड़ जाती है तो कभी कभी मेरा लहजा हमला-आवर हो जाता है। लेकिन ये कमज़ोरी भी अब बराए-नाम रह गई है। अब मुझे इस बात का बहुत ध्यान रहता है कि जिन लोगों से मुझे उलझने की नौबत आई है, हर लिहाज़ से वो मुझसे कमज़ोर हैं और बराबरी के अहसास के साथ वो तुर्की-ब-तुर्की जवाब नहीं दे सकते, मेरी उमर और पोज़ीशन का ख़याल करके उन्हें दबना पड़ता है। ऐसे मौक़ों के बाद जब मुझे होश आता है वो मैं शर्म से खुब कर रह जाता हूँ और बड़ी नदामत होती है। छोटों की ग़लती और कमज़ोरी का अब मैं अहतिराम करने लगा हूँ और जो लम्हे भी मेरे साथ गुज़ारते हैं उन्हें अपने ख़ुलूस और रवादारी से इन्तिहाई तौर पर ख़ुशगवार बनाने की कोशिश करता हूँ। तीसरी कमज़ोरी मेरे अंदर ये है कि मैं बहुत से काम वक़्त पर नहीं कर पाता। ख़ासकर ख़ुतूत का जवाब तो बसा औक़ात दे ही नहीं पाता। कभी-कभी ऐसा भी हुआ है कि चंद ख़यालात या मसाइल मुझ पर मुसल्लत हो गए और मैं गुफ़्तगू में अपनी चहेती नफ़रतों या Pet Aversions पर ही इज़हारे-ख़याल करता रहता हूँ। लेकिन अब मैं सामईन का रुख़ पहचान कर गूफ़्तगू की तम्हीद उठाता हूँ। माशूक़ों से अब मेरी मुहब्बत में जुनून की शिद्दत नहीं रहती जिसका ख़ुश-आयन्द नतीजा ये हुआ है कि अपने महबूबों से मैं लड़ाई नहीं किया करता। मुहब्बत में एतिदाल मुहब्बत में इज़ाफ़ा करता है और शिद्दत मुहब्बत के लिए उमूनन मुहलिक साबित होती है। इश्तिराकियत के फ़ल्सफ़े ने मेरी इश्क़िया ज़िंदगी को निस्बतन बहुत मुतवाज़िन बनाया। शायद इस उम्र में तज़ुबाते-ज़िंदगी का भी यही तक़ाज़ा है कि इस अम्र का लिहाज़ रखा जाए कि जज़्बा-ए-इश्क़ कहीं ले न उड़े। इस एतिदाल का असर मेरी इश्क़िया शायरी पर पड़ा है और इस पर इज़हारे-ख़याल करूँगा। अब कुछ अपनी शायरी पर मज़ीद इज़हारे-ख़याल करना चाहता हूँ। मशहूर फ़्रांसीसी नक़्क़ाद सैन्ट बियू (Saint Beaube) ने एक मरकज़ी बुनियादी हक़ीक़त का इज़हार किया है। वो कहता है कि मैं किसी किताब के दौराने-मुतालआ सिर्फ़ एक हक़ीक़त की तलाश करता हूँ, वो ये कि मुसन्निफ़ किस हद तक एक अच्छा

इंसान है। यही नज़रिया (Ethical School of Criticism) यानी अख़्लाक़ी मदरसा-ए-इन्तिक़ाद की रूहे-रवाँ है। चुनाँचे मेरी कोशिश यही रही है कि शरीफ़-तरीन जज़्बात को अपनी शायरी में जगह दूँ। नेकी और पुर-ख़ुलूस मुहब्बत का तसव्वुर ख़ल्लाक़े-मज़ामीन साबित होता है। बराहे-रास्त अख़्लाक़ी कुल्लियों का इज़हार भी अगर वो शायराना और कामयाब है तो बहुत मुस्तहसन है। लेकिन दोस्त या महबूब से बाहमी तअल्लुक़ात और दाख़िली इर्तिबात का नाज़ुक इज़हार शायर और आशिक़ की ऐनी शख़्सियत का आईना होता है। उर्दू के अच्छे से अच्छे इश्क़िया अश्आर भी पिचानवे फ़ीसदी तक बीसियों ख़ूबियों के हामिल होते हुए शायर की बहुत कम गवाही देते हैं। फिर ये नेकी और शराफ़त भी कई क़िस्म की होती है और इसके लिए भी कई मदारिज़ा-मुक़ामात होते हैं। मस्लन, 'नियाज़' फतह पुरी ने एक बहुत बारीक नुक्ते की तरफ़ इशारा किया है। जब वो 'ग़ालिब' के बारे में कहते हैं कि 'ग़ालिब' के यहाँ सुपुर्दगी या इस्तीसाले-जज़्बात बहुत कम है। चंद अश्आर को छोड़कर 'मोमिन' के यहाँ भी इसकी कमी है। 'आतिश' तो जवानी की सरमस्तियों और बाँकपन का मलकुश्शुअरा है, 'मीर' के हमअस्रो-हमआहंग शुअरा की नेकियाँ मुसल्लम, लेकिन दूर-रस नहीं हैं 'मीर' की अज़्मत से इंकार को मैं इंकारे-अकबर कहूँगा। फिर भी सौ-सवा सौ अश्आर को छोड़कर 'मीर' के कलाम पर नज़र से कुछ ऐसा अहसास होता है कि 'मीर' उर्दू-शायरी की तारीख़ में जितना बड़ा आशिक़ है, उससे कहीं बड़ा परस्तारे-इश्क़ है। शायद इतना बड़ा परस्तारे-हुस्न नहीं है। अलबत्ता 'मीर' ने अपनी नाकामियों से समझौता ज़रूर कर लिया था :–

> ''मिरे सलीक़े से मेरी निभी मुहब्बत में
> तमाम उम्र मैं नाकामियों से काम लिया''

फिर भी महबूब से 'मीर' एक रफ़ीक़े-हयात या जीवन-साथी की हैसियत से बहुत कम हमआहंग है। 'मीर' की शराफ़त शुरू से अख़ीर तक इश्क़ का एक अलमिया रहता है और सानिहाते-इश्क़ से मुक़ाबला करने का एक शानदार रज़्मिया। मेरी फ़ितरते-मुहब्त में इज्ज़ो-इन्किसार और सुपुर्दगी और माशूक़ को जीवन-साथी बनाने का जज़्बा ग़ालिब उन्सुर रहा है और मेरी इश्क़िया शायरी इसी जज़्बे की तर्जुमानी और आईनादारी को अपना मक़सद मानती रही है। मैंने किसी फ़ौक़ुल इंसानी शख़्सियत का इज़हार अपनी इश्क़िया शायरी में नहीं किया। मैं बड़ा आदमी नहीं हूँ। मैं मामूलियत की परस्तिश करता हूँ–

> ''अलग नही मिरी दुनिया अगरचे है मालूम
> ज़माने और भले आदमी का साथ नहीं
> ख़ुदा के सामने मेरे गुनहगार थे जो
> उन्हीं से आँखें बराबर मिरी नहीं होतीं''

जैसा अभी पहले वादा कर चुका हूँ कि आइंदा कभी मैं ये बताने की कोशिश करूँगा कि मेरा तसव्वुरे-इश्क़ किन-किन मंज़िलों से इम्तिदादे-ज़माना के साथ गुज़रता रहा है। अपने मुतअल्लिक़ एक बात और भी वाजेह कर देना चाहता हूँ। बचपन ही से मैं शदीद अहसासे-तन्हाई का शिकार रहा हूँ। इस अम्र की तरफ़ किसी पहले ख़त में इशारा भी कर चुका हूँ। एक अंग्रेज़ी मुसन्निफ़ का क़ौल है कि जिन्सियत इसलिए इंसान को वदीयत की गई है कि उसे अहसासे-तन्हाई हो सके। मैं उस क़दर जिस्मी लिहाज़ से नहीं जितना ज़हनी लिहाज़ से ग़ालिबन उस तरह का आदमी रहा हूँ जिसे अंग्रेज़ी में Over Sexed कहते हैं, ज़हनी लिहाज़ से ग़ालिबन हर इश्क़िया शायर Over Sexed या मग़्लूबुलजिन्सियत होता है। मेरी शादी की नाकामी ने ग़ालिबन मेरी ग़ैर-मामूली हद तक शदीद जिन्सियत को शदीदतर बना दिया और उसे बहुत कुछ मुस्तक़िल-सा कर दिया। मेरी जिन्सियत में शिद्दत के साथ-साथ तवाज़ुन पैदा होने नहीं पाया लेकिन अव्वलन तो मैंने इस बात का ख़याल रखा कि इश्क़िया शायरी करने में बीमार तख़य्युलात को जगह न दूँ। दूसरे मेरी इश्क़िया ज़िंदगी में कुछ रूमान ऐसे भी रहे हैं जिनसे काफ़ी हद तक मुझे सुकून हासिल हुआ और नाआसूदगी का उन्सुर निस्बतन कम रहा। इस तरह नाकामी या Frustratic के असरात मुहलिक या बर्बाद कुन नहीं होने पाए। मेरे रूमान तो सैंकड़ों रहे हैं, लेकिन शदीद इश्क़ तीन-चार ही अश्ख़ास से रहे हैं। पहला इश्क़ 12 दिसंबर 1914 में हुआ, जो चंद हफ़्तों की ख़ुशगवारियों के बाद ही नाक़ाबिले-बर्दाश्त नाकामी में तब्दील हो गया और ये पहला इश्क़ मुझ पर दस-बारह बरस तक मुसल्लत रहा। दूसरा ज़बरदस्त इश्क़,डेढ़-दो बरस तक रहा, फिर बग़ैर किसी अनबन या नाख़ुशगवारी के हम दोनों को जुदा होना पड़ा। तीसरा इश्क़ कई बरस बाद हुआ। सन् 1929, जो अंदाज़न साल भर इस तरह चलता रहा कि कभी इन्तिहाई ख़ुशी और कभी इन्तिहाई नाकामी। इसके तीन बरस के बाद एक ज़बरदस्त इश्क़ हुआ जिसमें अंदाज़न साल भर ख़ुश रहकर बाद को आठ-आठ आँसू रोने की नौबत आई और फिर सात बरस के वक़्फ़े के बाद ज़बरदस्त इश्क़ हुआ जो पाँच-छः माह तक ख़ुशगवार रहकर एक मुस्तक़िल अज़ाब में बदल गया। 'शामे-अयादत' इसी इश्क़ की देन है। इसके बाद मेरा मौजूदा रूमान 1950 में शुरू हुआ और ये रूमान शदीद होने की बजाय गहरा और ख़ामोश है और जज़्बा-ए-मुहब्बत बहुत मुस्तक़िल और मुतवाज़िन है। होता ये रहा है कि जब किसी माशूक़ से तअल्लुक़ात टूटने लगते हैं या टूट गए हैं तो एक लंबे वक़्फ़े के लिए किसी और से मुहब्बत करना नामुमकिन हो जाता था। बिछुड़े हुए माशूक़ को 'भूलने या भुलाने' में बरसों लग जाते थे, अपनी बदनसीबी के बावजूद मैं बेवफ़ा नहीं रहा हूँ। अलबत्ता कभी-कभी बिछुड़े हुए माशूक़ को भुलाए बग़ैर भी झक मार कर या आज़माइशन कुछ लोगों से मैंने मुहब्बत की लेकिन ये तज्रुबे क़ब्ल अज़ वक़्त साबित होते थे :—

"तिरा 'फ़िराक़' तो उस दम तिरा 'फ़िराक़' हुआ
जब उनको प्यार किया मैंने, जिनसे प्यार नहीं"

अपने अहसासे-तन्हाई का ज़िक्र मैं कर चुका हूँ। दो अश्आर से शायद इस अहसास का कुछ अंदाज़ा हो सके :–

"कहाँ का वस्ल, तन्हाई ने शायद भेस बदला है
तिरे दम भर के आ जाने को हम भी क्या समझते हैं"

"मुहब्बत में मिरी तन्हाइयों के हैं कई उन्वाँ
तिरा आना, तिरा मिलना, तिरा उठना, तिरा जाना"

"वो जा भी चुका कब का वो भूल चुका कब का
दिल है कि 'फ़िराक़' अब तक दामन को छुड़ाए है"

"आलम-आलम इश्क़ भी तन्हा
तन्हा हुस्न भी आलम-आलम"

लेकिन अब एक बात भी हो गई है। जो तन्हाई बचपन से कुछ बरस पहले तक मेरे अंदर एक वहशतनाक हालत पैदा कर देती थी अब वो मेरी जुज़्वे-फ़ितरत बन गई है, अब मैं ऊबता कम हूँ, अब वहशत की चाशनी के साथ-साथ एक सुकून भी महसूस करता हूँ, बल्कि ज़्यादा लोगों के मिलने से ऐसा महसूस होता है कि एक थका देने वाला हँगामा बरपा है, बक़ौल 'जिगर' :–

"आ ऐ ग़मे-जुदाई, तुझको गले लगाएँ"

मेरे लिए एक मुस्तक़िल सूरते-हाल बन चुका है, यूँ तो मेरी ये रुबाई हाल की कही हुई है :–

"तन्हाई में किसे बुलायें, ऐ दोस्त
तुम दूर हो, किसके पास जायें, ऐ दोस्त
इस दौलते-वक़्त से तो दम घुटता है
ये नक़्दे-शब कहाँ भुनायें, ऐ दोस्त"

बल्कि अब तो मुझे लोगों की सोहबत में तन्हाई का अहसास ज़्यादा होता है। बक़ौल मैथ्यू आर्नल्ड, "We mortal millions live alone." तन्हाई का अहसास शायद अपने अंदर ये मक़सद रखता है कि हम तन्हाई से मानूसो-हमआहंग हो सकें।

अब तन्हाई से हमआहंग होकर मैं ये महसूस करता हूँ कि माशूक़ का आना किसी जज़्बाती ज़लज़ले का आना नहीं है, बल्कि नसीमे-सहरी का ख़िरामे-सुकूँ-नुमा है। मुझे तन्हाई से हम आहंग होने में मेरी शायरी से पैदा-शुदा और दीगर गूनागूँ दिलचस्पियों से पैदा-शुदा उफ़्तादे-तबीअत ने काफ़ी मदद पहुँचाई है, फिर भी कभी-कभी घबरा उठता हूँ। इसलिए कि मेरा घर कोई घर नहीं है और घर वालों की क़ुर्बत से मुझे कोई मदद नहीं मिलती। अपना एक शेर याद आता है—

"तमाम ख़स्तगी - ओ - मान्दगी है
थके-थके-से ये तारे, थकी-थकी-सी ये रात"

अगर कहीं आलमे-तन्हाई में शेर कहने का भरपूर मूड पैदा हो गया तो तन्हाई भी हयात-आवर साबित होती है। गर्मियों की रातें अकसर या बसा औक़ात ये मूड पैदा कर देती हैं।

ये ख़त वाक़ई तवील हो गया है। आप भी पढ़ते-पढ़ते थक गए होंगे। मेरा हाथ भी अब क़लम को आगे बढ़ाने पर अड़ बैठा है। बाक़ी बातें फिर—

आपका
'फिराक़'

8/4, बैंक रोड, इलाहाबाद
3 सितंबर 1953

बिरादरम, तस्लीम !

आपके ख़याल के मुताबिक़ मैं इश्क़िया शायरी के पर्दे में ख़ुद हज़ उठाने लगता हूँ। इसलिए आपको चिढ़ाने के लिए ये ख़त भी इसी मौज़ूअ पर लिख रहा हूँ, ये ताना मुझे न दीजिए कि लोग मेरे बारे में क्या राय क़ायम करेंगे। मैं जैसा कुछ हूँ, उसी तरह आपके और सबके रूबरू आना चाहता हूँ। अलबत्ता इतनी दरख़्वास्त आपसे करूँगा कि मेरे इन ख़यालात को अपने तक महदूद रखिएगा और इनका बक़द्रे-ज़रूरत ख़र्च हो। मुआफ़ करना मैंने यहाँ एक बड़ा बेहूदा फ़िक़रा लिख दिया है, अगर मेरे आईने में मेरी ही शक्ल नज़र आती है तो उससे डरना कैसा ! मैंने कोई पैग़म्बरी या अवतारी का दावा किया हो तो लोगों से ख़तरा, मैं तो शायर हूँ, बल्कि इंसान हूँ। इसलिए मैं शायरी भी करूँगा और अपने इंसान होने का सुबूत भी दूँगा।

दौरे-हाज़िर की उर्दू-शायरी में मिज़ाज और लहजे की नर्मी की तहरीक को आगे बढ़ाने में मेरा काफ़ी हिस्सा रहा है। शायरी में आज लहजे और मिज़ाज की उसी नर्मी पर कुछ बहस करूँगा। 'मीर' और उनके हमअस्त्र शुअरा के कलाम का बहुत बड़ा हिस्सा मिज़ाज और नर्मी के लहजे की मिसालें पेश करता है। 'ज़ौक़', 'मोमिन' और 'ग़ालिब' के यहाँ ये नर्मी बहुत ख़ाल-ख़ाल मिलती है। 'मुसहफ़ी' के यहाँ मुतअद्दिद मौक़ों पर ये नर्मी मिल जाती है। लेकिन 'जुर्रत', 'इन्शा', 'नासिख़', 'आतिश' और फिर उनके बाद 'दाग़' और 'अमीर' के यहाँ इस नर्मी का फ़ुक़्दान मुझे शुरू ही से बहुत खटकता था। कभी-कभी ये कमी 'जलाल' अपने कलाम में पूरी कर देते हैं और 'जलाल' के बाद मुतअद्दिद अश्आर में इस नर्मी का सुबूत 'जलील' का कलाम देता है। दिल्ली की शायरी तो 'दाग़' के बाद यकगूना ख़त्म हो चुकी थी, लेकिन लखनऊ में 'महशर' और 'अज़ीज़' के कलाम में लहजे की नर्मी काफ़ी मौक़ों पर और जज़्बात की घुलावट भी बसा औक़ात मिल जाती है। जब मेरी शायरी ने होश संभाला तो उर्दू के आम हल्क़ों पर इसी तरह की शायरी का असर ग़ालिब था, जिसमें नर्मी का फ़ुक़्दान हो। बहैसियत-मज्मूई, मुझे ये अहसास होता रहा कि

उर्दू ग़ज़ल में बहुत कुछ मुझे मिलता था, लेकिन वो चीज़ बहुत कम मिलती थी जिसे हिंदी में 'रस' कहते हैं। मैं 'रस' के उन्सुर पर आशिक़ था, इसलिए शुरू ही से लहजे की घुलावट और नर्मी को मैंने अपनी ग़ज़ल में एक नुमायाँ जगह देने की कोशिश की। एक तरफ़ उर्दू-शायरी में शिकवा-ओ-शिकायत और जलने-भुनने का बाज़ार गर्म था, आम तौर पर ज़िंदगी से बेज़ारी या एक छिछोरी ख़ुशी या यूँ कहिए कि उर्दू ग़ज़ल की फ़िज़ा में वासोख़्त का असर छाया हुआ था। दूसरी तरफ़ सोज़ो-गुदाज़ के नाम से एक ख़ुद-रहमियाना-मर्सियत आ चली थी। उर्दू ग़ज़ल में जिस चीज़ को चखकर कामो-दहन चटख़ारा लेते थे वो एक तेज़ और चरपरा ज़हर था और सेहत-मंद ग़िज़ा उर्दू में बहुत कम मिलती थी, और जिसे अमृत कहते हैं उसका फ़ुक़्दान तो मुझे 'मीर' तक के यहाँ मिलता है। ख़ुदा पर ईमान लाना, दुनिया और ज़िंदगी पर ईमान लाने से आसान है। दुनिया और ज़िंदगी पर ईमान ही से लहजे की वो नर्मी पैदा होती है, जिसका मैं क़ाइल हूँ।

लेकिन ये नर्मी ग़ैर-मामूली दिल और दिमाग़ भी चाहती है। जब जज़्बात में सोच का उन्सुर कारगर हो तब ये नर्मी अपने ख़ामोश अंदाज़ से दिले-वुजूद को चीर जाती है। एक मुफ़क्किराना उफ़्ताद मिज़ाज और बुलंद तफ़क्कुर की सलाहियत इस नर्मी के लिए दरकार है। आज मैं ये ख़त लिखने में थकावट महसूस कर रहा हूँ और आज कम-फ़ुर्सती का मुझे अहसास है, इसलिए मिसालें कम दे सकूँगा। चंद मिसालें पेश कर रहा हूँ :–

"न गईं सरगरानियाँ तेरी
आह ! ये मेहबानियाँ तेरी"

"ये निकहतों की नर्म रवी, ये हवा, ये रात
याद आ रहे हैं इश्क़ को टूटे तअल्लुक़ात"

"तेरी ख़ुशी कि याद रख, तेरी ख़ुशी कि भूल जा
तुझ से ज़रा भी बदगुमाँ आलमे-रफ़्तगाँ न था"

"आए गुनहगाराने-मुहब्बत
नादिम-नादिम, नाज़ाँ-नाज़ाँ"

"जो तिरे दयार में आ रहे, अरे कैसे तुझसे जुदा रहे
तुझे कुछ तो अपना पता रहे, ये न पूछ हमसे कहाँ के हैं"

"हुस्न को इक हुस्न ही समझे नहीं हम, ऐ 'फ़िराक़'
मेहरबाँ-नामेहरबाँ क्या-क्या समझ बैठे हैं हम"

"ख़िताब फिर न किया तेरी बेनियाज़ी से
थकी-थकी-सी वो अर्ज़े-वफ़ा है याद मुझे"

इन अश्आर के इलावा जो अश्आर इससे पहले के ख़तों में पेश कर चुका हूँ उनमें भी बहुत से लहजे की उस नर्मी की मिसालें हैं, जिसका ज़िक्र मैं कर रहा हूँ। मैं अर्ज़ कर चुका हूँ कि निरी जिन्सियत या निरा इश्क़ सही मानों में न जिन्सियत होती है, न इश्क़ होता है—यही बात शायरी के बारे में भी कहूँगा। निरी शायरी और निरा शायर, सही मानों में न शायरी होती है न शायर होता है। पूरी काइनात में एक हक़ीक़ी शायर को गुम हो जाना पड़ता है। मेरी दिलचस्पियाँ या मेरी ज़िंदगी की मुहर्रिकात हुस्नो-इश्क़ो-शायरी के इलावा तमाम उलूमो-फ़ुनून से थीं, तमाम इंसानी कल्चर से थीं, अपने वतन की बदनसीबी और ग़ुलामी की ज़ंजीरें तोड़ने से थीं। आज़ादी की तहरीक में डेढ़ बरस तक क़ैदे-फ़िरंग झेलता रहा, आई.सी.एस. से इस्तीफ़ा दिया और मुस्तक़िल तौर पर अपनी ज़िंदगी को इक़्तिसादी हैसियत से मामूली ज़िंदगी बना लिया। मैं अपनी क़ुर्बानियाँ नहीं गिनवा रहा हूँ, सिर्फ़ अपनी दिलचस्पियों पर रौशनी डाल रहा हूँ। इन्हीं ग़ैर-इश्क़िया दिलचस्पियों ने मेरी इश्क़िया-शायरी और जमालियाती-शायरी के ख़ुतूत को तवानाई और ताबानी बख़्शी। 1936 के क़रीब मेरी मुलाक़ात एक बड़ी हस्ती से हुई। उन्होंने मेरा पीछा करके मुझे अपना दोस्त बना लिया और मैं उनके हाथ बेदामों बिक गया। एक बार तरक़्क़ी-पसंद-शायरी पर दौराने-गुफ़्तगू मैंने 'हसरत' का ज़िक्र किया और कहा कि 'हसरत' अपनी ग़ज़लों में हमें हक़ीक़तें देते हैं। उन्होंने कहा, 'बहुत छोटी हक़ीक़तें'। ये फ़िक़रा मेरे लिए तिलिस्मे-शायरी की कलीद साबित हुआ। 'हसरत' की सही क़द्रो-क़ीमत तो मेरे दिल में क़ायम रही लेकिन मैं सोचने लगा कि इश्क़िया-शायरी में वो चीज़ आने लगी जिसे अंग्रेज़ी में Ballast कहते हैं यानी वो वज़्नी शै जो जहाज़ की तह में जमा दी जाती है ताकि जहाज़ डाँवाडोल न हो। जज़्बा और तफ़क्कुर का आपस में समो उठना और मिलकर एक हो जाना, ये सिफ़त इन मुलाक़ातों के बाद से मेरे इश्क़िया अश्आर में मुस्तक़िल जगह पाने लगी। मेरे मिज़ाज में पहले ही से ये बात थी कि इश्क़ काइनाती और आफ़ाक़ी मसाइल के मस और लम्स से ही सही मानों में इश्क़ बनता है। नुमायाँ तौर पर ये असरात अगर कोई देखना चाहे तो 'शामे-अयादत', 'आधी रात' और 'परछाइयाँ' के उन्वान से मेरी नज़्में इश्क़ो-आफ़ाक़ियत के मिलते हुए डाँडे पेश करती हैं। ये धोखा अकसर लोगों को हो जाता है कि वसीअ और गहरे मज़ाक़ वाले आदमी की जिन्सियत और महदूद

दिलचस्पियों वाले आदमी की जिन्सियत, जहाँ तक जिन्सियत का सवाल है, दोनों एक ही या यकसाँ चीज़ें हैं—ये ख़याल बिल्कुल ग़लत है। वसीउलमज़ाक़ आदमी के जिन्सी जज़्बात पर उसकी आफ़ाक़ी दिलचस्पियों की छूटें पड़ेंगी। 1936 के बाद मेरी इश्क़िया शायरी पर इश्तिराकी-फ़ल्सफ़े का कभी बराहे-रास्त और कभी बिलवास्ता असर बराबर पड़ता रहा है। गुज़श्ता अट्ठारह बरसों के अंदर कहे हुए अपने कुछ इश्क़िया अश्आर पेश करता हूँ :—

"जो तेरे गेसू-ए-पुरखम से खेल भी न सकीं
उन उँगलियों से सितारों को छेड़ सकता हूँ"

"उबल पड़ें अभी आबे-हयात के चश्मे
शरारो-संग को ऐसा निचोड़ सकता हूँ
बहार जल के ख़िजाँ हो, ख़िजाँ लहक के बहार
चमन में ऐसे शिगूफ़े भी छोड़ सकता हूँ"

"तिरे ख़याल में तेरी जफ़ा शरीक नहीं
बहुत भुला के तुझे याद कर सका हूँ मैं"

"मिरे ही जब्र से आज़ादियाँ इबारत हैं
कि मैं ख़ुदा की मशीयत से खेल सकता हूँ
ये बर्क़े-ख़न्दा-ए-मासूम है कि दाग़े-गुनाह
मैं आज रूहे-तहारत से खेल सकता हूँ
नक़ाबे-ग़ैब की गिरहें हैं चुटकियों में मिरी
मजाज़ क्या है हक़ीक़त से खेल सकता हूँ"

"ख़ुल्दे-बरीं में आज तक गूँज रही है ये सदा
आओ अज़ाब ही सहें, क्या है धरा निजात में"

"जोला-निगहे-हयात कहीं ख़त्म ही नहीं
मंज़िल न कर हदूद से दुनिया बनी नहीं"

"तुझे दिखाए अगर कोई आँख वाला हो
कि ये ज़मीं भी चमकता सितारा है कि नहीं"

“देख रफ़्तारे-इन्क़िलाब ‘फ़िराक़’
कितनी आहिस्ता और कितना तेज़”

निरे आशिक़ के इश्क़ में और अगर वो शायर भी है तो उसकी इश्क़िया-शायरी में एक घुटन पैदा हो जाना नागुज़ीर है। आफ़ाक़ी दिलचस्पियाँ इश्क़िया-शायरी में आफ़ाक़ियत पैदा कर देती हैं। मैं ये पहले अर्ज़ कर चुका हूँ कि तहज़ीब के कारनामे इर्तिक़ा-ए-जिन्सियत के ही करिश्मे हैं। आला हाज़ुलक़यास तहज़ीब के कारनामों से दिलचस्पियाँ जिन्सियत के इर्तिक़ा में मदद देती हैं। ये असर-अंदाज़ी बाहमी होती है। शायर पहले दुनिया को आँखें भर के देख लेता है, तब आँखें बंद करके मन की ज्योति जगाता है। बहुत पाकीज़ा मानों में शायर को दुनिया और कारोबारी आदमी होना चाहिए। ताजमहल शाहजहाँ की ही यादगार नहीं है बल्कि ‘रमूज़े-मम्लकते-ख़ुवेश ख़ुसरवाँ दायन्द’ की झलक भी ताजमहल में नज़र आती है।

मुझे वाक़ई इस इत्तिला से बड़ा सदमा हुआ था कि हम लाहौर नहीं आ पाएँगे। मैं इलाहाबाद से चलकर दिल्ली पहुँच गया था, मुफ़्त एक सौ रुपया ज़ाया हुआ। इस सिलसिले में जगन्नाथ ‘आज़ाद’ ने जो आपको ख़त लिखा था, वह वाक़ई सख़्त था। आप भी सच्चे थे कि लाहौर में तो हँगामा ही हो गया और नौबत मॉर्शललॉ तक पहुँची। ‘आप भी क्या करते, आप भी क्या करते’ वाली बात उस वक़्त और भी सादिक़ आती जब हम लाहौर पहुँच जाते और कमरों में बंद रहते। न हम इंडिया आ सकते और न हम आपकी या अपनी मर्ज़ी के मुताबिक़ घूम सकते। ऐसे माहौल में तो मुशायरे का सवाल ही न था। बहरहाल मुझे ज़हनी तौर पर बड़ी कोफ़्त हुई थी। मुझे आप पर मुत्तलक़ ग़ुस्सा न आया। ग़ुस्सा आया तो हालात पर, लेकिन इतने महीने के बाद ये बात आपने क्यों छेड़ दी...

आपका
फ़िराक़’

8/4, बैंक रोड, इलाहाबाद
21 दिसंबर 1953

बिरादरम, तस्लीम !

आज मैं ये तो शुरू में तै नहीं कर सकता कि किन और कितनी चीज़ों से बहस करूँगा लेकिन पहले अपनी नज़्मों के मुतअल्लिक़ कुछ गुज़ारिश करना चाहता हूँ। उर्दू अदीबों में ऐसा बहुत कम लोग कर सके कि तने-तन्हा अदब के कई अस्नाफ़ को अपना सकें। मेरी अदबी तख़्लीक़ें अस्नाफ़े-सुखन में आपको मिलेंगी। दो-तीन किताबें उर्दू नस्र में जिनका मौज़ूअ अदबी तन्क़ीद है जिनमें 'अन्दाज़े' को मेरे नज़दीक ख़ास अहमियत हासिल है। ग़ालिबन तास्सुरी तन्क़ीद (Impressionistic Criticism) के मज़ामीन का उर्दू में ये पहला मज्मूआ है। फिर मैंने चंद अफ़साने भी उर्दू में लिखे थे, जो अब से पच्चीस बरस पहले बुलंद अदबी हल्क़ों में बहुत मक़बूल हुए। मैं और मस्रूफ़ियतों की वजह से ये काम जारी नहीं रख सका। क़रीब एक हज़ार सफ़हों का तन्क़ीदी मज़ामीन का दूसरा मज्मूआ, जो बहुत से रिसालों में महफ़ूज़ था, मेरी ग़फ़लत से दीमकों की नज़्र हो गया। उनकी कोई नक़ल मेरे पास नहीं है, इलावा अदब के फ़ल्सफ़ा और सियासियात के बहुत से मज़ामीन मेरे ज़हन में हैं, लेकिन 'फुर्सत कहाँ कि तेरी तमन्ना करे कोई'। अब जहाँ तक शायरी का तअल्लुक़ है, बहुत से हज़रात मेरी ग़ज़लों को इस शिद्दत से पसंद फ़रमाते हैं कि मेरी नज़्में उन्हें मुतवज्जेह नहीं कर सकतीं। हज़ारहा परस्ताराने-अदब मेरी रुबाइयों तक ही अपनी पसंदीदगी को महदूद रखते हैं और वो भी सिर्फ़ इश्क़िया या जमालियाती रुबाइयों तक। ऐसे बहुत कम लोग हैं जिनकी नज़र मेरे तमाम मसाई पर हो यानी नस्र, ग़ज़ल, इश्क़िया और जमालियाती रुबाइयाँ, तंज़ियाँ रुबाइयाँ, अख़्लाक़ी और फ़ल्सफ़ियाना नज़्में, मंज़ूम तर्जुमे, ग़ैर मुक़फ़्फ़ा नज़्में, मार्क्सी और इश्तिराकी नज़्में। आज अपनी नज़्मों में उस्लूबे-बयान और तनव्वो की कुछ मिसालें पेश करूँगा, इख़्तिसार के साथ :–

''ये कुश्ते-जिहादे-अस्र लहकी-लहकी
खेतों की सुहानी साँस महकी-महकी

साज़े-इमरोज़ में ये सोज़े-फ़रदा
ये आतिशे-इन्क़िलाब दहकी-दहकी''

''ये वलवला, ये उमंग दरिया-दरिया
ये शोला-ए-बेरंग सहरा-सहरा
ये जलवा-ए-इन्क़िलाब आलम-आलम
ये परतवे-इन्क़िलाब दुनिया-दुनिया''

ये दो रुबाइयाँ इन्क़िलाबे-चीन पर कही हुई पचपन रुबाइयों की मुसल्सल नज़्म से पेश की गई हैं। मैंने मुख़्तलिफ़ मौज़ूआत पर मुफ़रिद और मुसल्सल जो रुबाइयाँ कही हैं, उनकी तादाद अब तक क़रीब सात सौ के है और इन रुबाइयों में मुख़्तलिफ़ असालीबे-बयान की मिसालें मिलेंगी। मस्लन :–

''आ जाता है हुस्न में सलोनापन और
चंचलपन, बालपन, अनैलापन और
कटते ही सुहागरात, देखें जो उसे
बढ़ जाता है हुस्न का कुँवारापन और''

''सहरा में ज़माँ मकाँ के खो जाती हैं
सदियों बेदार रह के सो जाती हैं
अकसर सोचा है ख़ल्वत में 'फ़िराक़'
तहज़ीबें क्यों ग़ुरूब हो जाती हैं''

''इक बू-ए-परीदा रूहे-सबा-ए-तहूर
ख़ीरा-ख़ीरा निगाहे-शमए-सरे-तूर
उठते हैं शोला-ए-दो आलम अफ़गन
वो चश्मके-बर्क़े-मौज ख़ूने-अँगूर''

क्या ये तीनों रुबाइयाँ तीन मुख़्तलिफ़ उस्लूबों में नहीं हैं ? इसके इलावा मेरी नज़्म 'रोटियाँ' भी मुलाहिज़ा कीजिए, जिसे तवालत के ख़ौफ़ से यहाँ दर्ज नहीं करता।

ये नज़्म सौ बन्दों से ज़ायद की है। अब इससे बिल्कुल मुख़्तलिफ़ उस्लूब में 'तलाशे-हयात' के उन्वान से मेरी तवील नज़्म का एक बंद सुनिए :–

''यमन-यमन अदन-अदन
कली-कली चमन-चमन

बसोज़े-इश्क़े-शोला-ज़न
बसाज़े-हुस्न गुल-बदन
ब मश्के-आहू-ए-ख़तन
ब गेसू-ए-शिकन-शिकन
ब शीरीं-ओ-ब कोहकन
ब दास्ताने-नल-दमन
ब नरगिसे-पियाला-ज़न
ब रू-ए-सायक़ा-फ़िगन
ब हर नफ़सो-हर सुख़न
ब हाए-ओ-हू-ए-मा दमन
ज़मीं-ज़मीं, ज़मन-ज़मन
सफ़र-सफ़र वतन-वतन
ब दैर-साज़ो-बुत-शिकन
ब ज़ौक़े-शेख़ो-बिरहमन
ब हक़ ब कुफ़्रे-शोला-ज़न
ब हर ख़ुदा-ओ-अहरमन
हयात ढूँढ़ते चलो, हयात ढूँढ़ते चलो''

'धरती की करवट' के उन्वान से मेरी नज़्म तक़रीबन सात सौ मिस्रों की है, जिसके उस्लूब का नमूना ज़ेल में पेश करता हूँ :-

''चाँद और सूरज की किरनों से
चादर बुन कर रख देते हैं
उसी हथौड़े की ज़र्बों से
लोहा धुन कर रख देते हैं

अपनी कमर के बूते से हम
पेंग बढ़ाते हैं जीवन की
दो झटकों में हिला के रख दें
साथी, चूलें इंद्रासन की
हाथ हमारा ही घर-घर में
लेके चराग़े-शाम आया है
बुनियादों से रद्दा-रद्दा
ख़ून हमारा काम आया है''

इस अंदाज़ो-उस्लूबे-बयान से बल्कि अब तक जितने अंदाज़ो-उस्लूबे-बयान

पेश कर चुका हूँ, उन सब से मुख़्तलिफ़ उस्लूबे-बयान 'आधी रात' के उन्वान से जो मेरी नज़्म है, उससे पेश कर रहा हूँ :–

"सियाह पेड़ हैं अब आप अपनी परछाईं
ज़मीं से ता महो-अंजुम सुकूत के मीनार
जिधर निगाह करें इक सुकूते-बेपायाँ
झलक रहा है पड़ा चाँदनी के दरपन में
रसीले कैफ़ भरे मंज़रों का जागता ख़्वाब
इक-एक करके निंदा से चराग़ों की पलकें
झपक गईं, जो खुली हैं झपकने वाली हैं
फ़लक पे तारों को पहली जमाइयाँ आईं

गुलों ने चादरे-शबनम में मुँह लपेट लिया
लबों पे सो गई कलियों के मुस्कुराहट भी
ज़रा भी संबुले-तर की लटें नहीं हिलतीं
सुकूते-नीमशबी की हदें नहीं हिलतीं

ज़माना कितना लड़ाई को रह गया होगा
मिरे ख़याल से अब एक बज रहा होगा"

ग़ैर-मुक़फ़्फ़ा शायरी यानी Blank Verse की ये एक मिसाल है जिससे हर वो शख़्स जिसका मज़ाक़ रचा हुआ है, ये अंदाज़ा लगा सकता है कि उर्दू नज़्म का मिज़ाज ग़ैर-मुक़फ़्फ़ा शायरी को क़ुबूल करने से क़ासिर नहीं है। अब उस्लूबे-बयान की तमाम मिसालों से अलहदा कुछ और मिसालें देखिए। 'तराना-ए-ख़िज़ाँ' के दो बंद मुलाहिज़ा हों :–

"जाँ-दादा-ए-हस्ती-ए-परीशाने-चमन तू
तन्हा दमे-तन्हाई निगहबाने-चमन तू
ख़ल्वतकदा-ए-राज़ में मेहमाने-चमन तू
ख़मयाज़ा कशे-बादा-ए-इर्फ़ाने-चमन तू
ऐ बादे-ख़िज़ाँ, बादे-ख़िज़ाँ, बादे-ख़िज़ाँ चल, ऐ बादे-ख़िज़ाँ चल
तू रहज़ने-सरमाया-ओ-सामाने-गुलिस्ताँ
तू रहबरे-सरमंज़िले-इर्फ़ाने-गुलिस्ताँ
अज़ सिम्ते-अदम सिलसिला-जुँबाने-गुलिस्ताँ
जाने-दिगरे-क़ालिबे-बेजाने-गुलिस्ताँ
ऐ बादे-ख़िज़ाँ, बादे-ख़िज़ाँ, बादे-ख़िज़ाँ चल, ऐ बादे-ख़िज़ाँ चल

'इश्क़ और मौत' के उन्वान से मेरी नज़्म का ये बंद महज़ उस्लूब के लिहाज़ से देखें :–

"एक पुराने कमरे में
हल्की-हल्की रोशनी थी
छिड़ा हुआ था साज़े-तरब
तुम बैठे थे जहाँ गोया
इक तस्वीर हयात की थी
और हयात के आशिक़ की
मौत इक नग़्मा गाती थी"

इसके बाद 'रक़्से-शबे-तार' में उस्लूबे-बयान का यकलख़्त बदल जाना मुलाहिज़ा करें :–

"रात हँस देती है बा-दीदा-ए-पुरनम साक़ी
बत्तियाँ ख़ूने-रगे-ताक की जब जलती हैं
जगमगा उठती है तारीकी-ए-आलम साक़ी
जब पियालों में चराग़ों की लवें ढलती हैं"

"गत में अंदाज़े-जहाने-गुज़राँ है साक़ी
सुर के पर्दों से कोई दर्दे-निहाँ उठता है
बज़्म में ऊद की मौजों का समाँ है साक़ी
साफ़ सारंगी की लहरों से धुआँ उठता है"

'अकबर' इलाहाबादी पर मेरी एक नज़्म है जिसके कुछ बंद पेश करता हूँ :–

"तिरे कलाम में थी गुदगुदी भी, आँसू भी
कभी वतन को हँसाया, कभी उदास किया
सुख़न के साज़ में वो दर्द भर दिया तूने
वतन को अपने तरानों से ख़ुद-शनास किया

मैं सोचता हूँ कहाँ वो सियासी नारों में
जो ताज़ियाना-ए-हिम्मत तिरी तलाड़ में है
कहाँ वो तल्ख़-कलामी में शेख़ो-वाइज़ की
जो तेज़ नश्तरीयत तेरी छेड़छाड़ में है

तिरी शगुफ़्ता-नवाई की वो बहारे-सुख़न
कि शेर-शेर में खुलता हुआ गुलिस्ताँ था

कुछ आँख वाले ही इसको परख सके लेकिन
पसे-मिज़ाह जो अश्कों का शबनमिस्ताँ था

बहुत से ख़ुतबा-ए-संजीदा हमने देखे हैं
हज़ार फ़िक्रो-नज़र तेरे क़हक़हों पे निसार
चमन में मुँह-बँधी कलियों ने ख़ून थूक दिया
जो गुलिस्ताँ पे पड़ी तेरे चहचहों की सँवार

हमारी नींद ने मुर्दों से शर्त बाँधी थी
हयाते-हिंद के माथे पे मौत का था कलंक
वो तेज़ टीस उठी आँख खुल गई जो लगा
तिरे तबस्सुमे-ज़ेरे-लबी का तीखा डंक''

अब मेरी एक अवामी नज़्म 'डालर देस' के दो बंद मुलाहिज़ा फ़रमायें :—

''वो वाल स्ट्रीट का सट्टा-ख़ाना, व्हाइट हाउस का साज़िश-घर
वो दल्लाली के दाँव-पेंच, वो डिप्लोमेसी के छू-मंतर
वो लूटा-लूट तिजारत में, वो जनता-राज का आडंबर
वो लेन-देन में खींचा-तानी, राजनीति का अगर-मगर
हम डॉलर-देस को देख आए

इस वाल स्ट्रीट में दुनिया का दीवाला बोला जाता है
जो लुटवा दे, जो बिकवा दे, वो खाता खोला जाता है
इस व्हाइट हाऊस में सबकी दुखती रग को टटोला जाता है
सरकारों, मुल्कों, क़ौमों को काँटों में तोला जाता है
हम डॉलर-देस को देख आए''

तवालत के ख़ौफ़ से अब सिर्फ़ एक और इक़्तिबास अपनी नज़्म 'शाहनामा-ए-आदम' से पेश करूँगा :—

''क़रनों के मिटाने से मिटे हैं न मिटेंगे
आफ़ाते-ज़माना से झुके हैं न झुकेंगे
उभरे तो दबाने से दबे हैं न दबेंगे
हम मौत के मारे भी मरे हैं न मरेंगे
हम ज़िंदा थे, हम ज़िंदा हैं, हम ज़िंदा रहेंगे

जो शाख़ लचकती है कड़कती-सी कमाँ है
जो चीज़ चमक जाती है इक नोके-सिनाँ है
इक-एक किरन तारों की नागिन की ज़बाँ है
हर लहज़ा यही ख़ौफ़ कि अब के न बचेंगे
हम ज़िंदा थे, हम ज़िंदा हैं, हम ज़िंदा रहेंगे

खेती को सँवारा तो सँवरते गए ख़ुद भी
फ़सलों को उभारा तो उभरते गए ख़ुद भी
फ़ितरत को निखारा तो निखरते गए ख़ुद भी
नित अपने बनाए हुए साँचों में ढलेंगे
हम ज़िंदा थे, हम ज़िंदा हैं, हम ज़िंदा रहेंगे''

ये सब इक़्तिबासात मुश्ते-नमूना अज़ ख़ुर्वारे हैं। इन्हें पेश करने से अपनी क़सीदा-ख़्वानी मेरी मुराद नहीं है बल्कि आप हज़रात को दावते-ग़ौरो-फ़िक्र देना मुराद है। उर्दू नज़्म के मशाहीर 'नज़ीर' अकबराबादी, 'सौदा', 'अनीस', 'अकबर', 'चकबस्त', दुर्गा सहाय 'सुरूर', 'इक़बाल', 'हफ़ीज़' जालन्धरी, 'हाली', 'अख़्तर' शीरानी के कारनामों से इंकार नहीं किया जा सकता, लेकिन 'हफ़ीज़' के गीतों को अगर हम अलग कर दें तो इन तमाम मशाहीर की संजीदा मुसलसल नज़्मों में उस्लूब का तनव्वो और उसकी रंगारंगी न मिलेगी। 'जोश' मलीहाबादी के यहाँ दो-तीन असालीबे-बयान ज़रूर मिल जाएँगे लेकिन मैं निहायत ख़ाकसारी से अर्ज़ करूँगा कि तादाद में इतने ज़्यादा मुख़्तलिफ़ असालीबे-बयान, जितने इस ख़त में पेश किए गए हैं, कहीं और नहीं मिलेंगे। ये सब असालीब महज़ मेरे दिमाग़ की उपज नहीं हैं बल्कि मुख़्तलिफ़ ज़बानों के अदब की तकनीक मेरे असालीबे-बयान पर असर-अंदाज़ रही है। ग़ज़लों में भी ग़ालिबन सबसे ज़्यादा असालीबे-बयान के नमूने पेश करने में कामयाब रहा हूँ। एक गुज़ारिश और है, पिछले चालीस-पचास साल की उर्दू-शायरी में ठेठ हिंदी अल्फ़ाज़, रोज़मर्रा, टकसाली बोली और मुहावरों को ज़्यादा से ज़्यादा तादाद में पेश करने में मेरी कोशिशें निगाहे-तवज्जोह चाहती हैं। ख़ौफ़े-तवालत से उनकी मिसालें पेश नहीं कर सकता। इस्तिआरों और तश्बीहों और ताबीरों के भी ग़ालिबन 'जोश' मलीहाबादी को छोड़कर मैं ज़्यादा से ज़्यादा और नाज़ुक से नाज़ुक नमूने पेश कर सका हूँ। मालूम नहीं, आज के ख़त में जो बातें मैंने अर्ज़ की हैं, उन पर कितनों की तवज्जोह जा सकी है। इन बातों का ये मतलब हरगिज़ नहीं कि मैं अपने मुतअल्लिक़ कोई पुर-मुबालग़ा ख़ुश-ख़याली रखता हूँ या मैं बर ख़ुद ग़लत आदमी हूँ। मशाहीरे-उर्दू की ख़िदमात का उतना ही अहतिराम करता हूँ जितना तमाम परस्ताराने-उर्दू करते हैं। फिर मेरे कलाम

का मज्मूआ जो शाया हुआ है वो पूरे कलाम के निस्फ़ से भी कम है और गुज़श्ता दस-बारह बरस के अंदर चार-पाँच हज़ार अश्आर का मेरा मज्मूआ अब तक किताबी शक्ल में शाया नहीं हुआ है। ऐसे बहुत कम हज़रात होंगे, जिन्होंने तमाम मुख़्तलिफ़ रिसालों को देखा हो, जिनमें गुज़श्ता दस-बारह बरस के अंदर मेरा कलाम छपता रहा है। इसलिए इसकी ज़रूरत पड़ी कि अपनी कोशिशों की तरफ़ कुछ इशारा कर दूँ। मुझे ऐसा करने में बहुत हिचकिचाहट महसूस हुई और हो रही है, इसलिए आपके इर्शाद की तामील कई महीने बाद कर रहा हूँ, मुझमें न झूठा पिंदार है न झूठी ख़ाकसारी। मैं अपनी शायरी की उतनी ही क़द्र करता हूँ जितनी मुनासिब है, उस पर नज़रे-सानी की ज़रूरत का भी मुझे अहसास है। जैसी शायरी कर सका हूँ, उससे कहीं बुलंद-तर शायरी के इम्कानात का भी क़ाइल हूँ।

सोचता हूँ, क्या-क्या करूँ। यूनीवर्सिटी में अंग्रेज़ी-अदब के दर्सो-तदरीस के काम को मैं बहुत अहमियत देता हूँ। मुसल्सल कई घंटों तक अंग्रेज़ी के अदबियाते-आलिया के इक़्दार पर लेक्चर देने के बाद थक जाता हूँ। कभी-कभी सोचता हूँ कि मैं शायर नहीं हूँ बल्कि सिर्फ़ मुअल्लिमो-नक़्क़ादे-अदब हूँ ? फिर दुनिया भर के बुलंद-तरीन फ़ल्सफ़ा-ओ-फ़िक्रियात और मुख़्तलिफ़ उलूम पर सोचते-समझते बहुत-सा वक़्त कट जाता है, फिर भी मेरी शायरी की उम्र अब अंदाज़न चालीस बरस हो चुकी है और अब इतनी मश्क़ हो चुकी है कि चंद लम्हों के वक़्फ़े में भी ऐसे अश्आर कह लूँ जिनमें इतने बरसों की मश्क़, मुतालआ, ग़ौरो-फ़िक्र, तज्रुबातो-मुशाहिदात सभी कुछ आ जाएँ। महज़ तबाई से या ज़ाती फ़ितनत से या महज़ अपने ज़ोरे-बाज़ू से कोई शायर अपने कलाम में गहराई-ओ-गीराई, वज़्नो-बुलंदी और आला जमालियाती क़दरें नहीं पैदा कर सकता और मस्रूफ़ियतों के इलावा ख़राबी-ए-सेहत और घरेलू झंझट और इक़्तिसादी झंझट भी मुझे उस तरह अदबी काम नहीं करने देते, जिस तरह मैं करना चाहता हूँ। अब मेरी ज़िंदगी की शाम है, दिन डूबने से पहले जो थोड़ा-सा वक़्त बच रहा है, काश मैं इस मुख़्तसर वक़्फ़े में उन कामों का एक हिस्सा अंजाम दे सकता, जिनका नक़्शा मेरे दिमाग़ में है। मुझे ख़ालिस अदबी ख़िदमत करने के लिए यकसूई की ज़रूरत है और वो यकसूई मुझे नसीब नहीं। बहरहाल अपनी सी कोशिश जारी है और जारी रहेगी। ज़िंदगी की मुश्किलात में एक मुश्किल ये भी है कि कोई जितना और जैसा काम करना चाहे, उतना और वैसा न कर सके।

ये ख़त लिख रहा हूँ और इक ऐसे साहिब आ पहुँचे हैं जिनकी सूरत देखकर मैं एक हर्फ़ भी और नहीं लिख सकता। चलो अच्छा हुआ अगर वो न आते तो न जाने कब तक बैठा अपनी जान खपाता रहता और फिर भी ये जवाब में सुनता

कि फ़लाँ बात का तो जवाब ही नहीं दिया—मैं सवाल-जवाब का क़ाइल नहीं हूँ। यानी अफ़सरी-मातहती का क़ाइल नहीं कि 'हाज़िर जनाब' कहता रहूँ। ये फ़िक़रा लिख तो गया हूँ लेकिन सोचने लगा हूँ कि मुमकिन है आप शायरों को थोड़ी-बहुत रिआयत देना भी गुनाह समझते हैं।

आपका
'फ़िराक़'

8/4, बैंक रोड, इलाहाबाद
4 अक्तूबर 1953

बिरादरम, तस्लीम !

जी हाँ, आपका ख़याल दुरुस्त है कि कभी-कभी उर्दू ग़ज़ल के अश्आर पर ये कहकर दाद दी जाती है कि शायर ने आप-बीती को जग-बीती बना दिया है। मैं इस फ़िक़रे को इन्तिक़ादाते-आलिया का मर्तबा देता हूँ, लेकिन इसके साथ-साथ ये कहना चाहता हूँ कि उर्दू ग़ज़ल का एक बहुत बड़ा हिस्सा ऐसी आप-बीती की मिसालें पेश करता है जिसे हम किसी तरह जग-बीती नहीं कह सकते। मैं ज़िंदगी भर नाक़ाबिले-बर्दाश्त हद तक एक दुखी और ग़म-ज़दा इंसान रहा हूँ। तल्ख़ियों, बेज़ारियों, परेशानियों, अपनी हालत से नफ़रत, ये सब वो अनासिर रहे हैं जिनसे मेरी हस्ती इबारत थी मगर नफ़रत का शिकार होते हुए भी या यूँ कहिए नफ़रत से दाँत पीसते हुए भी नफ़रत पर दाँत पीसता रहा हूँ, अगर मैं मग़्लूबुलनफ़रत था तो नफ़रत को भी मैंने हमेशा मग़्लूबुलफ़िराक़ रखा। मैं अपनी नफ़रत से इन्तिक़ाम लेता रहा हूँ। इसलिए मेरी शायरी में 'मैं' का उन्सुर क़रीब-क़रीब मफ़क़ूद है। मेरी शायरी में 'मैं' नहीं बल्कि 'हम' है या काइनातो-हयात है। मैं शोहरा-ए-आफ़ाक़ शायर और मुफ़क्किर गेटे की किताब Sorrows of Verther नहीं पढ़ सका और इस क़िस्म की किताबों की मुझे बर्दाश्त ही नहीं। दूसरी चीज़ जो मैंने अपनी ज़िंदगी में महसूस की वो मातमे-जवानी की हिमाक़त है। मेरी जवानी मेरे लिए ज़हर थी, या ज़हर बना दी गई थी। अगरचे नौजवानों में उमूमन मैं एक मासूमी और दोशीज़गी पाता हूँ जो 'ख़राब' होकर या ख़राब किए जाने पर भी दोशीज़गी ही रहती है। फिर भी जब तक किसी नौजवान में मैं भोलेपन के साथ-साथ या शगुफ़्तगी के साथ-साथ संजीदगी न पाऊँ, मुझे आसूदगी नहीं होती। अलबत्ता बहुत से नौजवानों में मैंने नीम-अफ़सुर्दगी पाई है या शिद्दते-निशात से उन्हें महरूम पाया है। किसी मुसीबत की वजह से नहीं बल्कि जज़्बाती-दीवालियापन की वजह से। अपनी इस दरयाफ़्त को मैंने एक शेर और एक रुबाई में यूँ ज़ाहिर किया है :

"क़ब्ल इसके कि हो फ़ैसला-ए-ख़ैरो-शर
जीने का सुबूत दे ज़माने में बशर

बेहिस किरदारे-नेक से मौत भली
नामर्द अख़्लाक़ से जराइम बेहतर''

''रियाज़े-दहर में झूठी हँसी भी हमने देखी है
गुलिस्ताँ दर बग़ल हर ग़ुँचा-ए-ख़न्दाँ नहीं होता''

ये था बूढ़ी और नामर्द जवानी का मातम। जज़्बाती बेज़र्फ़ी सबसे बड़ी बद-तौफ़ीक़ी है। जिस आदमी में शदीद तौर पर निहाल हो जाने या शिद्दते-निशात से बेइख़्तियार हो जाने की सलाहियत होती है उसमें शिद्दते-ग़म से इन्तिहाई तौर पर ग़म-ज़दा हो जाने की भी सलाहियत होती है—ये है जहान और इन्तिशार जो फ़नकार के लिए ज़रूरी है, बहुत से बुहरानी अदवार से गुज़र कर ही कोई बड़ा शायर या फ़नकार हो सकता है—Out of Chaos is born a dancing star काश ये मुश्किल से समझ आने वाली हक़ीक़त उन सतही संजीदगी और बेवज़्न तवाज़ुन वाले हज़रात के पल्ले पड़ जाती, जिनकी एक दिलचस्प मिसाल नवाब जाफ़र अली ख़ाँ साहिब 'असर' हैं। ऐसे लोग न बड़े सुख़न-गो हो सकते हैं न बड़े सुख़न-फ़हम। उनका अदबी-मज़ाक़ रूहानी ज़ोफ़े-बाह का शिकार होता है, लेकिन कुछ हस्तियाँ ऐसी भी होती हैं जो शायर या फ़नकार तो नहीं होतीं, बल्कि शायरो-फ़नकार से कमतर हैं, फिर भी शायरो-फ़नकार को उन पर रश्क आता है। वो उन मासूम इंसानों की हस्तियाँ हैं जो जज़्बाती तौर पर दीवालिया तो नहीं होते लेकिन जिनमें एक फ़ितरी एतिदाल होता है, जिनके होंठों पर एक नर्म मुस्कुराहट हमेशा खेलती है और जो ख़ुशनसीब और बदनसीब दोनों हालात में बग़ैर किसी कोशिश के मुतवाज़िनो-मोतदिल रहते हैं, ये मासूम हस्तियाँ बड़े शायरो-फ़नकार से फ़ितनत, रूहानियत, बुलंद-तफ़क्कुर, ज़हानत, परवाज़े-तख़य्युल, आफ़ाक़ी तसव्वुर में कमतर होते हैं लेकिन बुलंद-तरीन शायरो-फ़नकार के दिल में उनका अहतिराम होता है और उनके लिए एक रश्क का जज़्बा पैदा होता है, यहाँ कमतरी बरतरी बन जाती है। कहीं ऐसा तो नहीं कि जिसे हम दिलो-दिमाग़ की बरतरी-ओ-अज़्मत कहते हैं, वो एक तरह का पाजीपन है। बहरहाल मैंने एक मुअल्लिम, एक पढ़े-लिखे हुए आदमी और एक शायर की हैसियत से अहतिरामे-जह्ल करना सीखा है या अहतिरामे-कमतरी। क्या 'बेवुक़ूफ़' होना एक तरह की ख़ुश-तौफ़ीक़ी नहीं है। शेक्सपियर इन्हीं बेवुक़ूफों यानी Clowns या Jesters से कभी-कभी वो बातें कहलवा देता है, जिनकी आँच से अक़्ल के पर जल जाते हैं। परस्तिशे-कमतरी में ही आला जम्हूरियत के रुमूज़ पिन्हाँ हैं और मसावातो-उख़ुव्वते-इंसानी के भी। मेरे सियासी, तहज़ीबी और तमद्दुनी अक़ाइद का अंदाज़ा आप मेरे मुंदरजे-बाला बयान से कर सकते हैं।

तरक़्क़ी-पसंद अदब की तहरीक जिससे मैं वाबस्ता हूँ, बहुत-सी ग़लत-फ़हमियों का शिकार रही है। ये ग़लत-फ़हमियाँ बड़ी हद तक दूर हो सकती हैं। अगर इतनी बात लोगों की समझ में आ जाए कि आज इस तहरीक में जो लोग शरीक हैं वो हर मुआमले में हम-ख़याल नहीं हैं, सिर्फ़ चंद बुनियादी मिसाइल पर वो मुत्तहिदो-मुत्तफ़िक़ हैं। वो बुनियादी मिसाइल ये हैं :—

1. अदब के ज़रिए से अवाम को इसके लिए बेदारो-मुनज़्ज़म किया जाए कि वो दुनिया में तीसरी जंग न होने दें।

2. मुलूकियत या ग़ुलामी को दुनिया से मिटाया जाए, इसके लिए अवामे-आलम को बेदारो-मुनज़्ज़म किया जाए और तमाम ऐसी कोशिशों को मदद पहुँचाई जाए।

3. अपने मुल्क में हुकूमत के ज़रिए से और हुकूमत की मदद से जो निज़ाम क़ायम है, उससे होने वाली बेइंसाफ़ियों, बदउन्वानियों और बदनज़्मियों के ख़िलाफ़ जद्दो-जहद जारी रखना। यूँ तो यह काम सियासी पार्टियों का है या अवाम की ग़ैर-अदबी कोशिशों का, लेकिन इन कोशिशों को फ़नकाराना-अंदाज़ से अदब में पेश करना सियासी पार्टियों या अवाम का काम नहीं है बल्कि तरक़्क़ी-पसंद अदीबों और फ़नकारों का है। इन कोशिशों के जमालियाती और विज्दानी पहलू फ़नकार ही उजागर कर सकते हैं। इसके इलावा हुस्नो-इश्क़ की दास्तान, हुस्ने-फ़ितरत का बयान, हयातो-काइनात के बेशुमार पहलू हैं, जिनको सेहत-मन्दाना और सालिह अंदाज़ से पेश करना भी तरक़्क़ी-पसंद अदीबों का फ़र्ज़ है।

तरक़्क़ी-पसंद शायरी के मुतअल्लिक़ मैं कह तो बहुत कुछ सकता हूँ लेकिन कहूँगा सिर्फ़ एक बात और वो है हुस्ने-बयान से मुतअल्लिक़, जिस तरह तरक़्क़ी-पसंद तहरीक से पहले के अदब में क़द्रे-अव्वल की, क़द्रे-दोयम की, क़द्रे-सोयम की घटिया चीज़ें मिलती रही हैं, उसी तरह तरक़्क़ी-पसंद अदब में भी हुआ है। फ़न्नी निकात लेकिन कई फ़न्नी निकात से हमारे अच्छे-ख़ासे तरक़्क़ी-पसंद शायर अपनी नावाक़फ़ियत का सुबूत दे रहे हैं। लफ़्ज़ों का ग़लत इस्तेमाल, मुहावरों से नावाक़फ़ियत, मुहमल तश्बीहें और इस्तिआरे, सही मगर बेअसर अंदाज़े-बयान—इन चीज़ों की तरफ़ उन तरक़्क़ी-पसंद शुअरा ने भी कम तवज्जोह की, जो आजकल इस तहरीक के लीडर माने जाते हैं या इस तहरीक में चोटी का मुक़ाम रखते हैं। 'ग़ालिब', 'मीर', 'इक़बाल', 'मिल्टन', 'वर्ड्स वर्थ', 'कीट्स', 'टेनीसन' वग़ैरा का मर्तबा फ़न्नी लिहाज़ से मेरे नज़दीक अभी किसी तरक़्क़ी-पसंद शायर को नसीब नहीं हो सका है। इस सिलसिले में ये भी कहूँगा कि कुछ लोग इस तहज़ीब के ठेकेदार भी बन गए हैं। अगर कोई शायर कम्युनिस्ट पार्टी का मेम्बर नहीं है और नज़र-अंदाज़ भी किया नहीं जा सकता तो उसके मुतअल्लिक़ एक ऐसा अंदाज़ इख़्तियार किया जाता है जो बयक-वक़्त मुअद्दबाना भी है सरपरस्ताना भी। अगर कोई शायर (मस्लन मैं ख़ुद) इश्क़िया ग़ज़लें, जमालियाती शायरी और तरक़्क़ी-पसंदाना शायरी या मक़सदी शायरी, तीनों तरह

की चीज़ें कहता है तो उसे सिर्फ़ शायरे-जमाल और इमामे-तग़ज़्ज़ुल कह के दाद दी जाती है और इसी तरह के रवैये अफ़साना निगारों और दूसरे अदीबों के साथ रवा रखे जाते हैं। आपस में भी ऐसे शुअरा जो सिर्फ़ जदीद शायरी करते हैं या खुली-ढली तरक़्क़ी-पसंद शायरी करते हैं, एक दूसरे से वो मुहब्बत और हम-आहँगी नहीं रखते, जो मिसाल के तौर पर कहता हूँ, मुझमें, 'जोश' मलीहाबादी में और 'जिगर' मुरादाबादी में आप पाएँगे। ख़ामोश मिज़ाज के तरक़्क़ी-पसंद शायरों के साथ या तो सरपरस्ती बरती जाती है या ऐसा रवैया बरता जाता है जिसे अंग्रेज़ी में Damning with faint praise कहा जाता है। इन बातों से तरक़्क़ी-पसंद तहरीक अगर टूट नहीं गई तो कमज़ोर ज़रूर पड़ गई है। आख़िर में ये कहूँगा कि हुस्ने-बयान न बड़े बोल का नाम है, न महज़ अजीबो-ग़रीब तश्बीहात का नाम है और न महज़ जिद्दत का नाम है, बल्कि बुलन्द हुस्ने-बयान में आवाज़ की एक शाइस्तगी होती है, लहजे की एक शराफ़त होती है, तफ़क्कुर की नज़ाकतें और लताफ़तें होती हैं और एक महवीयत-आफ़रीं कैफ़ियत होती है, जिसकी मिसालें क़दमा पेश कर गए हैं। अदब को उस तरह नहीं बदला जाता, जिस तरह किसी निज़ामे-हुकूमत को बदला जाता है। अदब और ज़बान सिर्फ़ तबक़वी ख़लीजों पर पुल नहीं बाँधते, बल्कि ज़बानी ख़लीजों पर पुल बाँधते हैं। तरक़्क़ी-पसंद अदीबों में बाहमी चश्मक के इलावा दोस्त-फ़रोशी का अमल भी बसा औक़ात अपने झूठे करिश्मे दिखाता रहता है।

आपका
'फ़िराक़'

8/4, बैंक रोड, इलाहाबाद
22 अक्तूबर, 1953

बिरादरम, तस्लीम !

आपको मेरा ख़त पसंद आया, शुक्रिया ! लेकिन मेरी बातों पर सौ फ़ीसद ईमान लाने के लिए तैयार नहीं हैं तो न सही, कुछ तो 'काफ़िर' हुए। मेरी यही जीत है, अगर ये सिलसिला जारी रहा तो मेरी तरह आप भी पक्के 'काफ़िर' होंगे।

शायरी के मुतअल्लिक़ अपने कई नज़रिये बयान कर चुका हूँ और थोड़ी-बहुत हर नज़रिये की वज़ाहत भी कर चुका हूँ। जमालियाती-शायरी और मंज़रिया-शायरी के मुतअल्लिक़ पहले तो मैं ये कहूँगा कि मंज़रिया-शायरी तो उर्दू में 'नज़ीर', 'अनीस' और 'हाली' के यहाँ काफ़ी मिलती है लेकिन जमालियाती-शायरी क़दीम उर्दू शायरी में न होने के बराबर रही है। लखनऊ के शुअरा ग़ज़ल में एक तरह की ख़ारजियत ज़रूर ले आए, लेकिन उमूमन उनकी ख़ारजियत जमालियाती शायरी को मुँह चिढ़ाती है। अंग्रेज़ी लफ़्ज़ Dimension का उर्दू तर्जुमा मुझे लुग़त में नहीं मिला। बहरहाल अपना मतलब यूँ अदा करूँगा कि उमूमन उर्दू मंज़रिया और जमालियाती शायरी, दोनों Two Dimensional रही हैं। यानी अर्ज़ो-तूल का कुछ अंदाज़ा हो जाता था, लेकिन हज़्म, दबाज़त या ज़ख़ामत का अंदाज़ा उस वक़्त मुमकिन है जब शायरी Three Demensional और 'आइन्सटाइन' का चौथा Dimension Time Space curvature तो बड़े दूर की चीज़ है। 'रूप' की रुबाइयों में मैंने जिस्मियत के तीसरे Dimension को पेश करने की कई मौक़ों पर कोशिश की है। इसके बग़ैर लम्सियाती-अहसास मुकम्मल नहीं होता। ये चीज़ या तो 'जोश' मलीहाबादी के यहाँ मिलेगी या फिर मेरे यहाँ ग़ज़लों के जमालियाती अश्आर में भी लम्सियत का ये पहलू मिलेगा। दूसरी चीज़, जिसकी कमी उर्दू शायरी में रही है, वो है अहसासे-रंग या Colour Sense मैंने उर्दू-शायरी में इस कमी को पूरा करने की कोशिश की है। अपनी शायरी की एक ख़ुसूसियत की तरफ़ मैं पहले इशारा कर चुका हूँ और वो है रात की फ़िज़ा और कैफ़ियत को अश्आर से पैदा कर देना। इस सिलसिले में एक बात कहने से रह गई थी और वो है सितारों या बज़्मे-अंजुम का ऐसा बयान जो हद-दर्जा कैफ़ियत से बोझिल हो, मेरे बहुत से अश्आर में सितारों का

ज़िक्र इस तरह आया है जैसा रात की तन्हाई और रात के सुकून में एक हस्सास इंसान फ़ितरी तौर पर महसूस करता है। मुझे ये फिर कहने दीजिए कि इन बातों से मेरी हरगिज़ ये मुराद नहीं कि मैं अपनी शायरी में बहुत-सी अच्छी चीज़ें पाते हुए भी दूसरी बहुत सी अच्छी चीज़ों की कमी नहीं पाता। मुझे ये मुग़ालता कभी नहीं हुआ कि मेरा कलाम उर्दू-शायरी में हर्फ़े-आख़िर है। उर्दू की मंज़र-निगारी को मेरे कलाम से बहुत फ़रोग़ हुआ, लेकिन 'कीट्स', 'टेनीसन', 'मिल्टन', 'कालीदास', 'शेक्सपियर' के यहाँ मंज़र-निगारी के जो मोजिज़े हैं, वहाँ तक मैं अपने कलाम को कभी ले जा सका हूँ और कभी नहीं ले जा सका हूँ, बहैसियत मज्मूई इन दूसरे शुअरा की मंज़र-निगारी मेरी मंज़र-निगारी से बहुत बुलंद है। मंज़रिया जमालियाती शायरी महज़ फ़ोटो-ग्राफ़ी नहीं होती, बल्कि मुसव्वरी के साथ-साथ उन कैफ़ियात को भी पैदा कर देना मेरे नज़दीक कामयाब मंज़र-निगारी है, महसूसात को फ़िक्र या Thought का मर्तबा दे सकना मंज़रिया या जमालियाती शायरी की इन्तिहाई मंज़िल है। हवासे-ख़मूसा से तफ़क्कुर का काम लेना बुलंद जमालियाती और मंज़रिया शायरी है, ये तफ़क्कुर किसी ज़बान की आग़ाज़ी या इब्तिदाई मंज़रिया शायरी में पैदा नहीं होता, हवासे-ख़म्सा की तहज़ीब सदियों की तर्बियत चाहती है।

शायरी पर ये बहस नामुकम्मल रहेगी अगर एक और नुक्ते की तरफ़ इशारा न किया जाए और वो है बज़ाहिर मामूली अल्फ़ाज़ का ऐसा इस्तेमाल कि शेर कैफ़ियत और मानवीयत, रंगीनी, लताफ़त, इशारियत और तहज़ीब की तमाम क़दरों से बोझल नज़र आने लगे। 'मीर' के इलावा ये बात ऐसे मशाहीरे-उर्दू के यहाँ भी नहीं मिलती; जैसे 'ग़ालिब', 'आतिश', 'इक़बाल'। बड़ी ठेठ मानूसियत से ये तौफ़ीक़ होती है कि एक मामूली लफ़्ज़, मामूली फ़िक़रा अदबे-आलिया बन जाए। और 'मीर' को भी ये तौफ़ीक़ सौ-पचास अश्आर में हो सकी है, 'मीर' कहते हैं :—

"ऐसे वहशी कहाँ हैं, ऐ ख़ूबाँ
'मीर' को तुम अबस उदास किया"

'ग़ालिब' को उदास के लफ़्ज़ का मोजिज़ा-अंगेज़ इस्तेमाल करने का एक मौक़ा मिला है अगरचे पहला मिस्रा ग़ैर-मामूली महासिन का हामिल नहीं है :—

"हर इक मकान को है मकीं से शरफ़ 'असद'
मजनूँ जो मर गया है तो जंगल उदास है"

लेकिन जो जादू 'मीर' के 'उदास' में है वो 'ग़ालिब' के 'उदास' में नहीं है। अब अपने दो शेर हाज़िर करता हूँ :—

"ये सुहानी उदास तन्हाई
लेती है पिछली रात अंगड़ाई"

"ज़िंदगी क्या है, इसको आज ऐ दोस्त
सोच लें और उदास हो जायें"

बहरहाल मेरा मफ़्हूम कुछ वाज़ह हो गया होगा और इस सिलसिले में मैं यही गुज़ारिश करूँगा कि मामूली अल्फ़ाज़ को ग़ैर-मामूली तासीर दे देने की कोशिश मैंने मुतअद्दिद अश्आर में की है। मस्लन भूलने और याद करने का लफ़्ज़ :—

"हमारी ज़िंदगी-ए-इश्क़ का वो पहला ख़्वाब
मुझे भी भूल चुका है, तुम्हें भी याद नहीं"

"ग़रज़ कि काट दिये ज़िंदगी के दिन, ऐ दोस्त
वो तेरी याद में हों या तुझे भुलाने में"

"एक मुद्दत से तिरी याद भी आई न हमें
और हम भूल गये हों तुझे, ऐसा भी नहीं"

या 'ख़ैर' का लफ़्ज़ जो बोलचाल का एक मामूली लफ़्ज़ है :—

"हमसे क्या हो सका मुहब्बत में
तुमने तो ख़ैर बेवफ़ाई की"

'जागना' और 'सोना' मामूली बोलचाल के अल्फ़ाज़ हैं लेकिन मुन्दर्जे-ज़ेल शेर में कितने पुर-तासीर बन गए हैं :—

"एक शबे-ग़म वो भी थी, जिसमें नींद न आई, रोये भी
एक शबे-ग़म ये भी है जिसमें कुछ जागे, कुछ सोये भी"

अहसासो-जज़्बात की मासूमियत जब इन्तिहा दर्जे को पहुँच जाती है। तब मामूली अल्फ़ाज़ मोजिज़ा बन जाते हैं और मोजिज़ा कर देते हैं।

अब अपने बचपन का एक वाक़िया सुनाता हूँ। मेरी उम्र दस-ग्यारह बरस की थी और मैं जुबली हाई स्कूल के पाँचवें दर्जे में पढ़ता था। सालाना इम्तिहान हो चुका था, हम चार पाँच लड़के साथ टहल रहे थे। जिनमें अली अहमद भी था, जो दर्जे में हमेशा अव्वल आता था। अली अहमद ने कहा कि मेरा इस बार भी अव्वल आना यक़ीनी है। मैं तो कुछ पर्चे बिगाड़ चुका था, इसलिए पास होने की

ख़ैर मना रहा था। अली अहमद की बात सुनकर मैंने कहा तो कुछ नहीं, और कहता भी क्या ! लेकिन मैंने दिल में सोचा कि दस-ग्यारह बरस की उम्र के मामूली हमजमातों के मुक़ाबले में अव्वल आने को अली अहमद कितनी बड़ी बात समझ रहा है और ये बात भूल गया है कि इंसानों ही की क़ौम में अफ़लातून, शेक्सपियर, न्यूटन और गौतम बुद्ध पैदा हो चुके हैं। अपने बचपन का ये वाक़िया इसलिए मैंने आपको सुनाया कि शायरी में भी मेरा यही नज़रिया रहा है। यानी आम मुशायरे की दाद को मैंने अपना मक़सदे-शायरी कभी नहीं समझा है, जिसे सुनकर पेशवायाने-तहज़ीब और इल्म-बरदाराने-अदबियाते-आलिया वज्द करें। हक़ीक़ी शायरी मेरे नज़दीक उस शायरी का नाम है जो हमें अज़्मते-हयातो-काइनात का अहसास कराये, जो दुनिया को इतनी बड़ी महसूस कराए जितनी बड़ी मामूली शऊर के इंसान को वो महसूस नहीं हो सकती। महज़ जज़्बात ख़्वाह वो कितने ही हसीन हों, बुलंद शायरी के लिए काफ़ी नहीं हैं। बल्कि जब जज़्बात फ़िक्रे-महज़ का जुज़्व बन जाएँ या ख़ालिस फ़िक्र बन जाएँ तो बड़ी शायरी जनम लेती है। किसी क़ौम की तारीख़ के वो अबवाब जिनमें क़ौमी ज़िंदगी बुलंद फ़िक्रियात की मंज़िल से गुज़र रही है, इन्हीं अबवाब का क़ीमती-तरीन हिस्सा पुर-अज़्मत शायरी है, क़ौमी ज़िंदगी के इर्तिक़ा का नग़्मा हक़ीक़ी शायरी है। इन्फ़िरादी ज़िंदगी के जज़्बात भी क़ौमी ज़िंदगी की अज़्मत से ही अज़्मत हासिल करते हैं।

मैंने एक नई ग़ज़ल कही है। कल की पूरी रात इसकी नज़्र हुई। पढ़िए और 'फ़िराक़' को प्यार कीजिए

आपका
'फ़िराक़'

8/4, बैंक रोड, इलाहाबाद
3 नवंबर, 1953

बिरादरम, तस्लीम !

मैं अपने ख़तों में अपने-आप को रू-शनास कराना चाहता था लेकिन ख़ुद को खो बैठा हूँ और ये सब चालाकी आपकी है। आपने जिस नौईयत के सवाल पूछे उनका लाज़िमी नतीजा यही होना था।

मज़हब और अख़्लाक़ का शायरी से क्या तअल्लुक़ है, इसकी बाबत आज कुछ इज़्हारे-ख़याल करूँगा। 'मिल्टन' ने कहा था एक शायर की ज़िंदगी अपनी जगह ख़ुद एक नज़्म होती है। यूँ तो 'मिल्टन' की अमली ज़िंदगी में कई नाख़ुशगवार अबवाब हैं, लेकिन 'मिल्टन' ज़िंदगी के लफ़्ज़ को बहुत बलीग़ मानों में इस्तेमाल कर रहा है। 'शैले' ने कहा है कि किसी बड़े शायर की ज़िंदगी में कुछ ऐसी कमज़ोरियाँ तो मिल सकती हैं जिन्हें हम ज़ाती कमज़ोरियाँ समझें, लेकिन ज़िंदगी के अहम और बड़े मुआमलात में और ज़िंदगी के कुल्लियों में हक़ीक़ी शायर का नज़रिया हमेशा बहुत पाकीज़ा और बुलंद-तरीन होता है। मस्लन, अपनी पहली बीवी की ज़िंदगी ही में (शैले) एक दूसरी औरत को लेकर भाग गया था, उसकी पहली बीवी ने ख़ुदकुशी कर ली, लेकिन बित्तेफ़ाक़ राय 'शैले' को फ़रिश्ता-ख़स्लत इंसान कहा गया है ! इसी तरह 'शेक्सपियर' अपनी ज़िदंगी में अच्छी तरह खुल-खेला था, लेकिन अख़्लाक़ की आला-तरीन क़दरें उसके यहाँ हमें मिलती हैं। 'सुक़रात' अम्रद-परस्त था, 'गेटे' उम्र भर लड़कियों का पीछा करता रहा, 'युधिष्ठिर' जुआरी था, 'डिकन्सन' भी लंगोट के सच्चे न थे, न शेख़ 'सादी', न अमीर 'ख़ुसरो', न 'मीर', न 'आतिश'— लेकिन ये सब के सब मज्मूई हैसियत से बुलंद-तरीन अख़्लाक़ियत के अलम-बर्दार थे।

मैं एक मुद्दत तक मज़हब और तसव्वुफ़ में मुन्हमिक रहा। लेकिन अब सज़ा के ख़ौफ़ और जज़ा के लालच से नेक आमाल का मैं क़ाइल नहीं, किसी शख़्स की जिन्सी ज़िंदगी उसकी मुकम्मल अमली ज़िंदगी का सिर्फ़ एक जुज़्व है और अगर ये मुकम्मल अमली ज़िंदगी समाज को फ़ायदा पहुँचाती है तो ऐसे शख़्स को उसकी जिन्सी ज़िंदगी की ज़ाहिरी बद-उन्वानियों की बिना पर हम क़ाबिले-लानत नहीं ठहरा सकते।

मेरे नज़दीक हर वो काम, जिससे इंसान की हक़ीक़ी ख़िदमत सरअंजाम होती हो, अख़्लाक़ी है। मस्लन, जिस शख़्स ने पहिये की ईजाद की, जिसने उलूम दरयाफ़्त किये, जिनसे एक तरफ़ तो ज़िंदगी में सैंकड़ों सहूलियतें पैदा हो गईं, दूसरी तरफ़ काइनात का तसव्वुर और ऊँचा हो गया। इन सबके काम और इन सबकी ज़िंदगियाँ बुलंद अख़्लाक़ की हामिल हैं, ख़्वाह ये कोई भी हों और कहीं भी हों। बक़ौल डॉक्टर जॉनसन के 'दुनिया में औबाशों और बदमाशों की कमी नहीं है लेकिन रचे हुए तलज़्ज़ुल से बहरा-अंदोज़ होने की सलाहियत बहुत कम लोगों में होती है।' अगर कोई समाज वबाओं, बीमारियों, इफ़्लास, क़हत और इसी तरह की दूसरी अलामतों का शिकार है तो उस समाज की बुलंद अख़्लाक़ी ख़िदमत आबिदो-ज़ाहिद नहीं कर सकते, बल्कि वो मुदब्बिराने-आली कर सकते हैं जो समाज के निज़ाम को बदल दें। सबसे बड़ा अख़्लाक़ उन लोगों का है जो तहज़ीबों के मोजिद और पेशवा होते हैं। मेरे नज़दीक उन्नीसवीं सदी ईसवी की दो सबसे बड़ी हस्तियाँ 'डारविन' और 'मार्क्स' की हस्तियाँ थीं और यूँ तो मुत्तक़ी, परहेज़गार, रोज़ा-नमाज़ के पाबंद, धर्म और शरह को अमली जामा पहनाने वाले, बेऐब ज़िंदगियाँ बसर करने वाले, उन्नीसवीं सदी में करोड़ों की तादाद में थे। बुलंद-अख़्लाक़ एक सियासी और समाजी चीज़ है, इसके लिए सिर्फ़ अच्छा दिल नहीं चाहिए बल्कि बड़ा दिमाग़ चाहिए। फ़र्ज़ कीजिए कि किसी नेक से नेक शख़्स का जुग़राफ़ियाई अहसास कमज़ोर है, ऐसा आदमी अपनी तमाम नेकियों समेत इस बात का तसव्वुर ही नहीं करेगा कि कोरिया में अमरीका ने क्या किया या नागासाकी और हीरोशिमा में क्या किया, फ्रांसीसी मुलूकियत मलाया और जुनूबी अफ़्रीका में क्या कर रही है। एक दूसरा शख़्स है जो अपनी बीवी के इलावा दूसरों से तअल्लुक़ रखता है, शराबी है, कभी-कभी झूठ भी बोलता है, लेकिन मुलूकियत के मज़ालिम का ज़िंदा अहसास रखता है और हज़ारहा आदमियों को अपनी तहरीरो-तक़रीर से जंग और मुलूकियत के ख़तरे से आगाह करता है तो मैं कहूँगा कि इस दूसरे आदमी की अख़्लाक़ी ज़िंदगी पहले आदमी की अख़्लाक़ी ज़िंदगी से बुलंदतर है। खेती को ले लीजिए। एक शख़्स क़दीम तरीक़े से कई करोड़ इंसानों से खेती कराता है, जिसमें मेहनत और ख़र्चा ज़्यादा हो और पैदावार कम, दूसरा शख़्स खेती के ऐसे तरीक़े ईजाद करता है कि मेहनत और ख़र्चा कम हो और पैदावार कई गुणा बढ़ जाए तो उस दूसरे शख़्स की ख़िदमात ज़्यादा पुर-अख़्लाक़ मानी जाएँगी।

छोटे आदमी का अख़्लाक़ भी छोटा या मामूली होता है, बड़े आदमी का अख़्लाक़ भी बड़ा और पुर-अज़्मत होता है। तख़य्युल की बुलंद-अख़्लाक़ में बड़ी अहमियत है। हममें बहुत से तो ऐसे हैं कि जिनको तादाद या आँकड़ों का बहुत कमज़ोर अहसास है, दो अरब इंसानी आबादी का ज़िंदा और हस्सास तसव्वुर, उनकी ज़िंदगियों के बेशुमार इम्कानात और एक तरक़्क़ी-पज़ीर इंसानियत का तसव्वुर उनके बस की

बात ही नहीं। ये हज़रात चंद ज़हनी तसव्वुरात या मन-माने कुल्लियों और नज़रियों और हलालो-हराम की एक फ़हरिस्त को फ़ल्सफ़ा-ए-अख़्लाक़ समझते हैं। पूरी इंसानी तहज़ीब और उसके इम्कानात का तसव्वुर अगर कमज़ोर है या नाक़िस है या धुँदला है तो अख़्लाक़ भी कमज़ोर, नाक़िस और धुँदला रहेगा। दो अरब इंसानों के मुआमलात समझना तो दूर रहा, हज़ारों नेक और ख़ुश-आमाल ऐसे मिलेंगे जो एक गाँव, एक क़स्बा, एक म्यूनिस्पिलटी, एक सूबा और एक मुल्क के मुआमलात में भी कारआमद तौर पर दिलचस्पी लेने से क़ासिर हैं। अब वो ज़माना गुज़र गया कि हम हर एक से ये कहें कि तुम अपना कारे-मंसबी पूरा करो और धर्म-शास्त्र और शरह के अहकाम पर चलते रहो, तहज़ीब अपने आपको ख़ुद संभाल लेगी। अब हमें अख़्लाक़ के इंक़िलाबी तसव्वुर को अपने दिलो-दिमाग़ में जगह देनी है। अब पूरी इज्तिमाई ज़िंदगी को हर फ़र्द के दिलो-दिमाग़ में मुनअकिस व मुर्तसिम कर देना है।

अब मेरे अक़ाइद आप पर आईना हो गए होंगे और शायरी इन अक़ाइद को रंगा-रंग अंदाज़ से तक़वियत पहुँचा सकती है, ये बात भी ज़ाहिर हो गई होगी। शायरी तन्क़ीदे-हयात ज़रूर है लेकिन इन्क़िलाबी तन्क़ीदे-हयात उस तन्क़ीदे-हयात से बहुत मुख़्तलिफ़ है जो महज़ इस्लाही है या जो महज़ अफ़राद को तल्क़ीन किया करती है कि तुम्हें अपने काम से काम, मुसीबत तो ये है कि करोड़ों को कोई काम भी नहीं मिलता। बेरोज़गारों की फ़ौज का अख़्लाक़ भी क्या हो सकता है जो अपनी उज्रत से सेहतमंद ग़िज़ा और दूसरे लवाज़िमाते-ज़िंदगी न ख़रीद सकें। न औलाद को मुनासिब तालीम दिला सकें और न औलाद को किसी क़ाबिल बना सकें। मैं अख़्लाक़ को 'युग-धर्म' कहता हूँ। आज का 'युग-धर्म' तमाम पुराने अदवार के 'युग-धर्म' से मुख़्तलिफ़ हो चुका है।

आख़िर में ये गुज़ारिश ज़रूर करूँगा कि हमारी इन्फ़िरादी ज़िंदगी की भी कुछ ज़िम्मेदारियाँ हैं। मस्लन, औरों पर अपनी शख़्सियत का ख़ुशगवार असर डालना, जहाँ तक मुमकिन हो अपने मुताल्लिक़ीन की दिल-जोई और इसी तरह की दूसरी बहुत-सी ख़ूबियाँ जो दूसरों पर अच्छा असर डालें और हमें भी ख़ुशगवार और मुत्मइन रखें।

'अंदाज़े' का पूरा मुसव्वदा आपको इन्हीं दो एक माह में भेज दूँगा। मैं इस पर ख़ूब जमकर मेहनत करना चाहता हूँ। कई नये मज़ामीन हैं, उन पर अज़ सरे-नौ नज़र डालनी होगी। ये काम वक़्त लेगा। जितना ये काम आप आसान समझते हैं, हक़ीक़तन उतना मुश्किल है। मेरे लिए तो शेर कहना भी मुसीबत है और मज़्मून लिखना भी। वो लोग बड़े ख़ुशनसीब हैं जिनके मज़ामीन और शेर दूसरों के लिए मुसीबत बने हुए हैं।

आपका
'फ़िराक़'

8/4, बैंक रोड, इलाहाबाद
12 जून, 1954

बिरादरम, तस्लीम !

आपने ये ख़त बड़े दिनों के बाद लिखा और उज़्र ये किया कि बड़ा मस्रूफ़ रहा। मस्रूफ़ कौन नहीं होता, मस्रूफ़ तो वो भी होता है जिसे दुनिया का कोई काम नहीं होता। मैंने जो आपके ख़तों के जवाब में इतने-इतने लंबे ख़त लिखे तो इसका मतलब ये हुआ कि मैं बिल्कुल बेकार था।

पहले तो आपका ख़याल ये था कि मेरे जवाबात की रौशनी में मुझ पर लिखेंगे, अब आपका ये कहना कि अगर इजाज़त हो तो इन ख़ुतूत को हू-ब-हू छाप दूँ। मेरी तरफ़ से तो इनकी इशाअत की इजाज़त है, इस दरयाफ़्त का भी शुक्रिया कि इन ख़तों में तारीख़ी मवाद है और इन्हें हर्फ़-ब-हर्फ़ छपना चाहिए। आपको याद होगा कि दो-एक बार आपने लिखा था कि मैंने बाज़ जगहों पर बड़ी रंवारवी में लिखा है। बस इन बातों का ख़याल रख लीजिए, लेकिन ये मत कीजिएगा कि आप मुझे इंसान भी न बनने दें। मेरी कमज़ोरियों का भी इज़हार होना ही चाहिए। अगर मुझे पहले इल्म होता कि आप मेरे ही ख़त छापेंगे तो मैं सिर्फ़ अपनी कमज़ोरियाँ ही कमज़ोरियाँ बयान करता, इसलिए कि लोग सिर्फ़ अपनी ख़ूबियाँ ही ख़ूबियाँ बयान करते हैं। अगर आप इंडिया आ रहे हैं तो इससे बढ़कर और क्या ख़ुशी होगी, लेकिन इलाहाबाद का नाम इंडिया नहीं है और ये आपने लिखा नहीं कि इलाहाबाद भी आऊँगा। मुझे अपने प्रोग्राम से मुत्तला कीजिएगा।

आपका
'फ़िराक़'

8/4, बैंक रोड, इलाहाबाद
15 दिसंबर, 1955

बिरादरम तुफ़ैल साहिब !

आपके यहाँ से जाने के बाद सिर्फ़ दो मुख़्तसर से ख़त मिले थे, जिनका मैंने भी दो लफ़्ज़ी जवाब भेज दिया था। तफ़्सीली बातचीत के लिए तफ़्सीली ख़त लिखा करें। लीजिए, मैं इसकी इब्तिदा करता हूँ।

अदब से मुतअल्लिक़ बहुत से ख़यालातो-सवालात उस वक़्त से मेरे ज़हन में उठते रहे हैं, जब से मैंने होश संभाला। इस बाब में मेरी तीन हैसियतें हैं—तालिबे-इल्मे-अदब, अमली अदीब और मुअल्लिमे-अदब। मेरे ज़हन में जहाँ अदब से मुतअल्लिक़ और बहुत से सवाल उठते हैं, एक ये सवाल भी बार-बार उठता है कि अंग्रेज़ी शायरी और अंग्रेज़ी नस्र के सैंकड़ों महासिन हमारे उर्दू-अदब में क्यों नहीं आ सके। और क़रीब-क़रीब हर लिहाज़ से हमारा उर्दू-अदब अंग्रेज़ी-अदब से कमतर क्यों है ? इसकी एक नहीं पचासों वजहें गिनाई जा सकती हैं। सिर्फ़ शायरी को लें तो 'इक़बाल', 'जोश' और 'फ़ैज़' तक के यहाँ वो कई महासिन नहीं मिलते जो मिनजुम्ला दीगर अकाबिरे-सुख़न के। मस्लन टेनिसन, सविनबर्न, शैले, बल्कि मैं तो ये कहूँगा कि दोयम, सोयम सफ़ के अंग्रेज़ी शुअरा के कलाम में जलवागर हैं, जैसे किंगसले, वाल्टर स्कॉट, ड्राइडन, फ्रान्सिस टॉमसन, मैथ्यू आर्नल्ड या पालग्रेव के ख़ज़ाना-ए-ज़र्रीन (Golden treasury) के दर्जनों जो सफ़े-अव्वल के शायर नहीं, लेकिन जिनकी नज़्मों को कई लिहाज़ से हमारी नज़्में नहीं छू सकती हैं, ख़ासकर सौती लिहाज़ से।

गुज़श्ता निस्फ़ सदी से हमारे कई शायर अंग्रेज़ी अदब का मुतालआ करते रहे हैं और उससे मुतास्सिरो-फ़ैज़याब भी होते रहे हैं, फिर ये कमी हमारी शायरी में क्यों रह जाती है ? शायद एक वजह तो यही है कि मुक़फ़्फ़ा शायरी में हम मैकेनिकी तौर पर क़दीम अस्नाफ़े-सुखन की पाबंदी करते चले आए हैं। अंग्रेज़ी के इश्काली स्टेंज़ा (Stanza Forms) क़ाफ़ियों की नई ख़ुश-आयन्द तर्बियतों (Rhyme Schemes) को हम बहुत कम अपना सके हैं। तख़्लीक़े-फ़िक़रा, तख़्लीक़े-इज़ाफ़त Epithet और Phrasing में भी, या बयान में नई ताबीरों के मुआमलों में, ऐसे असालीब की तख़्लीक़ के मुआमले में जिनमें हमारी ज़बान या बोली के नये ताबनाक

और आला इम्कानात जलवागर हों। हम यूरोप के शायरों से बहुत पीछे रह गए हैं। हमारी शायरी की ज़बान में कुछ दाइमी और नाक़ाबिले-तर्मीमो-तब्दील अनासिर (Constants) पैदा हो गए हैं। बयान के रिवायती-ओ-रस्मी टुकड़े बार-बार हमारी शायरी में आ जाया करते हैं। हमारे उस्लूबे-शायरी के कुछ मामूलात बन गए हैं।

दूसरी वजह इस कमी की ये है कि ख़ुसूसन ग़ैर-मुक़फ़्फ़ा शायरी में हम अंग्रेज़ी ब्लैंक वर्स (Blank Verse) के अकाबिर की उन तकनीकों पर उबूर हासिल नहीं कर सके, जिनसे लंबे या तूलानी जुम्ले इस तरह उगते हैं जैसे कोई सुडोल, मुतनासिब जिस्म नश्वो-नुमा हासिल करता है। पूरी कस-बल और तनाव के साथ ऐसे जुम्ले जो किसी क़दर तवील बह्र में मुसल्सल मुतअद्दिद मिस्रों के ज़रिए तकमील पा सकें, अभी हमारी ग़ैर-मुक़फ़्फ़ा शायरी में बहुत कम आ सके हैं। जानदार ब्लैंक वर्स (Blank Verse) महज़ अदमे-क़ाफ़िया से नहीं पैंदा होता बल्कि उसका दाख़िली अमल उस प्राणायाम Breath Control की सिफ़त रखने वाली महवीयत से पैदा होता है जिसमें शायर का ख़याल मिस्रों के ज़ेरो-बम में मंडलाता हुआ दिखाई और सुनाई दे। अभी हमारी ब्लैंक वर्स को जुम्लों के मुख़्तलिफ़ पैमाने ढालना और समंदरी ज्वार-भाटों की शान पैदा करना, लंबे जुम्लों का फ़ने-तख़्लीक़ The art of long sentence सीखना है, एक नया इल्मे-बयान हासिल करना है, फ़िक़रों की ज़ंजीर बाँधना सीखना है। शानदार पाराहा-ए-नज़्म Verse Paras का फ़न अभी हमें बहुत कम आ सका है, तीसरी वजह मज़्कूरा-बाला दूसरी वजह से गहरा तअल्लुक़ रखती है। हमारी मुक़फ़्फ़ा और ग़ैर-मुक़फ़्फ़ा दोनों तरह की नज़्में अकसर महज़ ग़ज़ल की तलबीस होती हैं। इनमें ख़याल का तद्रीजी उगाव या तरक़्क़ी Development of Idea या मुकम्मल काइनात का ख़याल बहुत कम होता है। वो कावें काटती हैं आगे नहीं बढ़ातीं, हम हल्क़ों या दायरों में लिखते हैं। मुख़्तलिफ़ तश्बीहों से हम एक ही ख़याल को ज़ाहिर करते हैं, मुख़्तलिफ़ ख़यालों से एक बड़े ख़याल की बड़ी इकाई हम तैयार नहीं कर पाते, जिसे तामीरी सलाहियत या Architectonics कहा गया है।

ये तमाम सलाहियतें हासिल करने की तरफ़ हमारे शुअरा को तवज्जोह करना चाहिए, हमें अंग्रेज़ी शायरी के ग़ाइर मुतालए से रहनुमाई हासिल करना है। ब्लैंक वर्स या नई मुक़फ़्फ़ा नज़्में हम कहने तो लगे हैं लेकिन वो बुलंदतर संजीदगी The higher seriousness हमारी नई तख़्लीकों में ख़ाल-ख़ाल ही नज़र आती है। जिसके बग़ैर हमारी शायरी बुलंद मग़्रिबी शायरी की हम-पल्ला-ओ-हम-मर्तबा नहीं हो सकती। बस आज इतना ही।

'अंदाज़े' पर नज़रे-सानी करके आपके पास जल्द ही भेजूँगा। ज़्यादा ताकीद न करें, वरना मुझे नादिम होना पड़ेगा। 'जोश' के पाकिस्तान चले जाने पर तो हिंदुस्तानो-पाकिस्तान

के अख़बारात बड़ी गुल-फ़िशानियाँ कर रहे हैं। मैं तो यही कहूँगा कि मियाँ, जहाँ रहो ख़ुश रहो।

आगे-पीछे 'बेख़ुद' देहलवी, 'होश' बिलग्रामी और 'मजाज़' के उठ जाने से एक ख़ला महसूस कर रहा हूँ अभी चिराग़े-हुस्न 'हसरत' और 'मन्टो' के दाग़ ताज़ा थे। अब तो जीने से मेरा जी भर गया है :–

"ऐ मौत की नींद, हम भी जागे हैं बहुत
अपना भी तो आफ़ताब आए लबे-बाम"

आपका
'फ़िराक़' गोरखपुरी

8/4, बैंक रोड, इलाबाद
22 दिसंबर, 1955

बिरादरम !

आपका जवाब तो नहीं आया, फिर भी ख़त लिखने के लिए क़लम उठा ही लिया है। आज के ख़त में क्या लिखूँ। तबीअत में सुकून भी है, ताज़गी भी और उदासी भी—कुछ देर से बैठा हुआ अपना ये शेर गुनगुना रहा हूँ :—

"इस दौर में ज़िंदगी बशर की
बीमार की रात हो गई है"

पिछले दो महीने में मेरे यहाँ कुछ ग़ज़लों की बारिश-सी होती रही है। मैंने तो कोई नई नज़्म कहने के लिए अपने तहतुश्शऊर को ख़ामोश छोड़ दिया था, न जाने क्योंकर ग़ज़लों की झड़ी लग गई। इजाज़त दीजिए कि कुछ ग़ज़लों से चंद मुन्तख़ब अश्आर अर्ज़ करूँ :—

"देखते-देखते दिन डूब गया, रात हुई
तिरे क़दमों की सदा आई करामात हुई
मैं ये कहता हूँ बिछाओ कोई बाज़ी अब और
बाज़ी-ए-इश्क़ तो सब खेल चुके, मात हुई
ये सितारों की शुआयें, ये हवायें, ऐ दिल !
अब तिरे दर्द को नींद आने लगी, रात हुई"

"अब निशाते-हयात दूर न पास
वस्ल की रात और इतनी उदास
ये धड़कता हुआ दिले-फ़ितरत
ये फ़िज़ा का तमव्वुजे-अनफ़ास
हर लिया है किसी ने सीता को
ज़िंदगी है कि राम का बनबास"

"मुझको मेरा पता नहीं मिलता
ढूँढ़ने से ख़ुदा नहीं मिलता
एक मुद्दत से इश्क़ है बेसब्र
कोई सब्र-आज़मा नहीं मिलता
साग़रे-ज़हर हो कि जामे-हयात
उसके हाथों से क्या नहीं मिलता"

"बंदगी से कभी नहीं मिलती
इस तरह ज़िंदगी नहीं मिलती
आह, वो मुश्क-बेज़ ज़ुल्फ़े-सियाह
जिसकी हम-सायगी नहीं मिलती
यूँ तो मिलने को मिल गया है ख़ुदा
पर तिरी दोस्ती नहीं मिलती
एक दुनिया है मेरी नज़रों में
पर वो दुनिया अभी नहीं मिलती"

"इक सिवा आपके इस दिल में गुज़र किसका था
आप आए ही नहीं वरना ये घर किसका था
तुमसे पहचाने न जाते थे ख़ुद अपने जलवे
तुम को मालूम है वो ज़ौक़े-नज़र किसका था
ख़ुद गया और जिलौ में चमनिस्तान गए
बर्गे-हर लाला-ओ-गुल रख़्ते-सफ़र किसका था"

"कह गई लहलहा के क़ौसे-कजह
दास्ताँ तेरी नौजवानी की
आँख में मौजे-बादा-ए-शीराज़
शान अबरू में तुर्कमानी की
खेंच दी उसकी ख़ामुशी ने 'फ़िराक़'
एक तस्वीर ख़ुश-बयानी की"

"सर-बसर है वो समेटे हुए रंगीनी-ए-हुस्न
निगहे-शौक़ के दामन में तरी कैसी है
और लोगों के ख़तों के तो जवाब आते हैं
नामाबर आह तिरी नामाबरी कैसी है

किसके आँसू शबे-ग़म जज़्ब हुए इसमें 'फ़िराक़'
आज ये ख़ुनकी-ए-बादे-सहरी कैसी है''

''आदमी, आदमी को भूल गया
ज़िंदगी, ज़िंदगी को भूल गई
'इत्तिफ़ाक़ात हैं ज़माने के'
दोस्ती, दोस्ती को भूल गई''

''उठ गई दोस्त की निगाहे-करम
शर्म से इश्क़ पानी-पानी है
इक क़यामत है छेड़ना उसको
अरे दुनिया बड़ी दिवानी है
हम तो इतना ही जानते हैं 'फ़िराक़'
ज़िंदगी हिज्र की कहानी है''

''एक मस्ते-शबाब की बातें
जैसे मौजे-शराब की बातें
अर्श वाले अदब से सुनते हैं
इश्क़े-आली-जनाब की बातें
ख़म-ब-ख़म ज़ुल्फ़ से सुने कोई
इश्क़ के पेचो-ताब की बातें
कह रहे हैं नुजूम रात गए
इक परीशाने-ख़्वाब की बातें
आप भी ख़्वाब देखते हैं 'फ़िराक़'
'वक़्ते-पीरी शबाब की बातें' ''

''जब मुझे तेरी याद आती है
आस बँध-बँध के टूट जाती है
तेरी रूदादे-हुस्न मेरी ग़ज़ल
दास्ताँ, दास्ताँ सुनाती है
मोजिज़ा इन्क़िलाब का देखो
मौत भी ज़िंदगी लुटाती है
देख रंगीं-नवाइयों से मिरी
शफ़क़े-सुबह लहलहाती है''

"जब ख़ता इश्क़ की हुई मुझसे
ज़िंदगी टूट कर मिली मुझसे
तुझको पाकर ख़ुशी से मर न गया
बस यही तो हुई कमी मुझसे
निगहे-नाज़ तेरी कुछ, ऐ दोस्त !
कह रही थी अभी-अभी मुझसे
इश्क़ पर दरगुज़र करो न करो
अब तो इक बात हो गई मुझसे
निगहे-शर्मगीं पे अपनी न जा
बेतकल्लुफ़ नहीं अभी मुझसे"

"एक बर्क़े-बला को देखा है
हुस्ने-ताब-आज़मा का देखा है
क्या तअल्लुक़ तिरी अदाओं से
मौजे-बादे-सबा को देखा है
हुस्न उसका है मेरी नज़रों में
मुझसे पूछो, ख़ुदा को देखा है
कोई निकला हो जैसे छुप के 'फ़िराक़'
दिल में इक नक़्शे-पा को देखा है"

"जल-जल कर आकाश-दीप बुझ गए 'फ़िराक़'
पौ फटती है जैसे बिरहन की छाती"

"एक शबे-ग़म वो भी थी जिसमें नींद न आए तो अश्क बहायें
एक शबे-ग़म ये भी है जिसमें ऐ दिल रो-रो के सो जायें
हुस्न है एक दुरे-नासिफ़्ता या इक बे-सूँघा हुआ फूल
होश फ़रिश्तों के भी उड़ा दें ये तेरी दोशीज़ा अदायें
अहले-मुसाफ़त एक रात का ये भी साथ ग़नीमत है
कूच करो तो सदा दे देना, हम न कहीं सोते रह जायें
मुझको गुनाहो-सवाब से मतलब ? लेकिन इश्क़ में अकसर आए
वो लम्हे ख़ुद मेरी हस्ती जैसे मुझे देती हो दुआयें
एक ग़ज़ाले-रमख़ुर्दा का मुँह फेरे ऐसे में गुज़रना
जब महकी हुई ठंडी हवायें, दिन डूबे आँखें झपकायें
जिस्मे-नाज़नीं में सर-ता-पा नर्म लवें बल खाई हुई सी

बज़्मे-नाज़ में तेरे आते ही जैसे कई शमूएँ जल जायें
अपने दिल से ग़ाफ़िल रहना अहले-इश्क़ का काम नहीं
हुस्न भी जिसकी परछाईं है आज उस मन की जोत जगायें
बातें उसकी याद आती हैं लेकिन मुझ पर ये नहीं खुलता
किन बातों पर अश्क बहायें, किन बातों से जी बहलायें
हर इक काम मुकम्मल हो के कोई कमी रह जाती है
है भरपूर ज़िंदगी लेकिन तुझको कहाँ से बहम पहुँचायें
धोखे न खाना अहले-मुहब्बत सबसे बड़ा यही धोखा है
प्रीत-जगत की रीत यही है सब समझें और धोखे खायें
रात चली है जोगन होकर बाल सँवारे, लट छिटकाए
छुपे 'फ़िराक़' गगन पर तारे, दीप बुझे, हम भी सो जायें''

अब तो आप ऊब गए होंगे, इसलिए शेर-ख़्वानी ख़त्म। मेरी किताब 'उर्दू ग़ज़ल-गोई' जिसे आपने हाल ही में शाया किया है। इसमें मैंने बहुत शद्दो-मद से उर्दू-शायरी में अहम-तरीन जगह ग़ज़ल को दी है। लेकिन आज ऐसा कहने में ज़रा हिचकिचाऊँगा। इस ख़त में यूँ तो मैं आपको ग़ज़लें सुनाता रहा हूँ लेकिन नीम-शऊरी तौर पर ये सोचता रहा हूँ कि काश मैं मैथ्यू आर्नल्ड की नज़्म 'सोहराब या रुस्तम' या 'Memorial Verses' या टेनीसन की नज़्म 'Mortede Arthur' या कीट्स की नज़्म 'La belle dame Sans mercy' और 'Ode To Autumn' या ऊशांसी की नज़्म 'We are the Music Makers' या ब्राउनिंग की नज़्म 'Epilogue To Oslando' और 'The Last Ride Together' या किपलिंग की नज़्म 'IF' और 'Lest we Forget' और अंग्रेज़ी शायरों की सदहा नज़्में जो मेरे ज़हन में गूँज रही हैं उस तरह या उस शान की सत्तर-अस्सी नज़्में भी उर्दू को दे सकता, लेकिन हाय-हाय हालत ये है कि हम इस क़िस्म की मंज़ूम और कई ख़ूबियों की हामिल सहाफ़त करके मस्लन, ''हम आज यलग़ार कर रहे हैं'' या इस क़िस्म के चंद मंज़ूम दिलचस्प चुटकुले पेश करके ''चावलों के चेहरे पर मुफ़लिसी बरसती है'' कह कर और मुत्मइन होकर बैठ रहते हैं। मेरी चंद नज़्में भी मंज़ूम सहाफ़त से आगे न बढ़ सकीं लेकिन मैं उन्हें अहद-आफ़रीं तख़्लीक़ें नहीं समझता। हैरानो-दिलचस्प ज़हनी Adolescents को छोड़िए। 'कालीदास' की 'शकुंतला' या 'तुलसीदास' की 'रामायण' या 'हाफ़िज़' की ग़ज़लों या मौलाना रूम की मसनवी जिस अज़्मत का सुबूत देती है, उस अदबी अज़्मत का सुबूत (माइकावुस्की या नरोदा पबलू, अगरचे इनके कारनामे भी बहुत पुर-अज़्मत हैं) नहीं दे सके लेकिन मैं इसे नामुमकिन नहीं समझता कि कम्युनिस्ट अदीब आइन्दा ऐसी अज़्मत का सुबूत दे सकेंगे। मैं ख़ुद इन कम्युनिस्ट अदीबों की ख़ाके-पा हूँ, बल्कि उससे भी कम जिनके नाम मैंने अभी-अभी गिनवाए हैं मगर

इसे क्या करूँ कि इन्हें उन अदीबों से ज़रा-सा कम पाता हूँ जो कम्युनिस्ट नहीं थे और जिन में से कुछ के नाम पहले गिना चुका हूँ।

मेरी इन बातों से कम्युनिस्ट तहरीक और मार्क्सी अदब की तहरीक को बजाय नुक़सान पहुँचने के फ़ायदा पहुँचेगा। आज का कोई नमक-हलाल अदीब मार्क्स की तालीमो-पैग़ाम को नज़र-अंदाज़ नहीं कर सकता लेकिन जहाँ इस तालीमो-पैग़ाम से विज्दान को बहुत-सी रोशनियाँ और मुहर्रिकात मिलेंगे वहाँ लहजे की अज़्मत और शराफ़त, तहारते-क़ल्ब, तख़य्युल की उलूहियत-नुमा सिफ़तों और सरमदी कैफ़ियतों, दुनिया की कई हज़ार बरस पुरानी ज़िंदा-जावेद आफ़ाक़ी अदबी मिसालों और रिवायतों से सीखना पड़ेगा। हम 'तुलसीदास', 'कालीदास', 'दाँते', 'वर्जिल' और दूसरे सदहा अकाबिरे-अदब के कुछ मख़्सूस अक़ीदों को ग़लत समझने के बावजूद उनके रचे हुए मिज़ाज, तालीफ़ो-तहज़ीबे-क़ल्ब और उनकी इंसानियत को तज कर या उससे बेनियाज़ रहकर सिर्फ़ ज़ोरे-तबअ-ओ-ज़ोरे-कम्युनिज़्मो-मार्क्सिज़्म के बूते पर बड़ा अदब नहीं पैदा कर सकते। कम्युनिस्ट रूस और कम्युनिस्ट चीन में 'शेक्सपियर' के ड्रामे इसलिए कसरत से नहीं खेले जाते कि अब से कई सौ बरस पहले के अक़ाइद से अवाम को रू-शनास कराया जाए, बल्कि इसलिए खेले जाते हैं कि इनमें इंसानियत की वो जगमगाती हुई क़दरें हैं जो फ़्यूडलइज़्म, मर्कनटाइलिज़्म, कैपिट्लइज़्म और कम्युनिज़्म या तहज़ीब के हर युग में यकसाँ मक़बूलो-महबूबो-मुहतरम रहेंगी। तंग-नज़री, Exclusiveness और Self sufficiency अदब, तहज़ीब, इन्क़िलाब, कम्युनिज़्म सबके लिए मुहलिक है। अलबत्ता बराए-नाम अक़ीदतमंदी, झक मार नियाज़मंदी या अकाबिरे-सलफ़ के काँधों पर सवार होकर अपने छोटे से क़द को बड़ा साबित करने की कोशिश या बड़ों को माकूस क़ुबूलियत से नवाज़ने की कोशिश किसी अदीब के लिए भी ख़तरनाक ख़ामकारी है।

अदीब की शख़्सियत में इश्क़े-हयातो-काइनात का कार-फ़र्मा रहना कामयाबी की शर्त है और ये इश्क़ महज़ दर्से-अमल नहीं देता, इसमें एक ख़ल्लाक़ाना इज़्तिरार, एक मन को मोह लेने वाली मज्हूलियत या Wise Passiveness भी होती है, इस इश्क़ में अमली मक़ासिद और हमागीर अमली क़दरों के इलावा एक मावराई विज्दानी कैफ़ियत भी होती है। हिंदू देवमाला में ख़ालिक़े-काइनात ब्रह्मा का वो मर्तबा नहीं है जो आशिक़े-काइनात विष्णु का मर्तबा है।

हमारे शहर इलाहाबाद में हिंदी की एक शायरा 'कोकिल' जी हैं, जिनकी ये नज़्म बहुत मशहूर है :—

"आज रात सिंगार करूँगी
खिले फूल-सा जोबन लेकर
काँटों के बन पार करूँगी"

उन्होंने मुझे अपनी एक लाजवाब नज़्म सुनाई, जिसमें सैंकड़ों मिस्रे थे और जिसका उन्वान था 'माँ' (यानी बिआही जाने वाली बेटी का रुख़्सत होते हुए माँ से ख़िताब) नज़्म सुनकर मैं झूम गया। कुछ देर बाद मैंने उनसे कहा 'कोकिल' जी इस अम्र में आप भी मेरी हम-ख़याल होंगी कि शायर को अपने कलाम के ज़रिए समाज की सेवा और इंसानों के दुखों को दूर करने की कोशिश करनी चाहिए। 'कोकिल' जी ने कहा, आप सच कहते हैं लेकिन अगर हम सिर्फ़ सियासी, समाजी, अमली, अख़्लाक़ी मसाइल के हो रहे तो हम अख़्लाक़ी तौर पर गिर जाएँगे। मनाज़िरे-क़ुदरत और इंसानी ज़िंदगी का वो पहलू जिसमें ख़िदमत से क़तए-नज़र मुहब्बत और प्यार की दावत हमें मिलती है। अगर हम इससे बेनियाज़ हो गए तो फिर हमारे पास रह क्या गया ! अदब को सिर्फ़ दर्से- अमल होकर नहीं रह जाना चाहिए, अगरचे दर्से-अमल भी अदब को होना चाहिए।

मैंने कहा, 'कोकिल' जी आपने बिल्कुल मेरे अक़ीदे को दोहराया है। इस गुफ़्तगू का ज़िक्र करते हुए हेवलॉक एलिस का ये क़ौल मुझे याद आता है जिसे उन्होंने अपनी किताब 'रक़्से-ज़िंदगी' में दर्ज किया है ''फ़न अख़्लाक़ से ज़्यादा अख़्लाक़ी होता है'' "Art is more moral than morality" ये ख़त बहुत तवील हो गया, बल्कि दो ग़ज़ला की रिआयत से दो ख़ता, अच्छा अब रुख़्सत। लेकिन वो रुपयों वाली बात को फिर भूले जा रहा हूँ। बात भूली भी तो कौन-सी !

आपका
'फ़िराक़'

8/4, बैंक रोड, इलाहाबाद
27 दिसंबर, 1955

बिरादरम !

एक बार 'नुक़ूश' ही के सफ़हात में हम लोगों ने इस्लामी अदब की बहस छेड़ दी थी कि ये शरारत सिर्फ़ आपकी थी उससे कुछ लोगों ने ये समझ लिया था कि मैं इस्लामी अनासिर को अदब में जगह देने के ख़िलाफ़ हूँ। आइए आज फिर इस्लामी अदब के फ़िक़रे को समझने का जतन करें। क्या इसे यूँ समझा जाए कि साड़ी, सुरमा, मिस्सी, हज, जश्ने-ईद, कबाबो-कोफ़्ते, तुर्की टोपी का ज़िक्र अदब में आए तो वो इस्लामी-अदब होगा। जहाँ तक तुर्की टोपी का तअल्लुक़ है, वो बनती लंदन में थी, पहनी जाती थी तुर्किस्तान में और तक़लीदन पान इस्लामिज़्म के तुफ़ैल में हिंदुस्तानी मुसलमानों के एक तबक़े में। पैग़ंबरो-अकाबिरे-इस्लाम से इस टोपी का कोई तअल्लुक़ नहीं। अलबत्ता इससे कौन इंकार कर सकता है कि सर सैयद की ज़ीनते-फ़क्र तुर्की टोपी थी लेकिन सर सैयद के चेले 'हाली' ने हद्दे-अदब समझकर अपने पीरो-मुर्शिद की नक़ल नहीं की—इस लतीफ़े का मतलब सिर्फ़ इतना है कि जिन मुल्कों की आबादी क़रीब-क़रीब सौ फ़ीसदी मुसलमान है वहाँ की हर चीज़ और हर बात को हम इस्लामी समझ बैठते हैं और ये भूल जाते हैं कि इन मुल्कों की तहज़ीब में बहुत से ग़ैर-इस्लामी अनासिर शामिल हैं।

जब अपनी कई तहरीरों में, मैंने इस बात पर ज़ोर देना शुरू किया कि उर्दू अदब में हिंदुस्तान की तहज़ीबो-ज़िंदगी को ज़्यादा से ज़्यादा जलवागर होना चाहिए तो पाकिस्तान के कुछ दोस्तों ने ये आवाज़ उठाई कि पाकिस्तान के अदब को सिर्फ़ पाकिस्तानी अदब नहीं बल्कि इस्लामी अदब होना चाहिए। शायद इसलिए कि मश्रिक़ी पाकिस्तान में एक करोड़ के क़रीब हिंदू हैं और वहाँ के मुसलमान भी रहन-सहन और ज़िंदगी की पिच्चानवे फ़ीसदी बातों में वहाँ के हिंदुओं के जितने क़रीब हैं, मग़्रिबी पाकिस्तान के मुसलमानों से उतने क़रीब नहीं और ख़ुद मग़्रिबी पाकिस्तान में पठानों, पंजाबियों और सिंधियों की ज़िंदगी में बहुत कम मुमासिलत है। इस्लामी अदब के फ़िक़रे में लफ़्ज़े-इस्लामी को एक ऐसा मोजिज़ा समझा गया जो नस्ली-ओ-मुक़ामी या जन्म-भूमि की ख़ुसूसियतों को मिटाकर रंगारंग ज़िंदगी

को एक रंग में रंग देगा। शायद मेरे अज़ीज़ दोस्त हसन असकरी और आफ़ताब अहमद साहिब का भी कुछ ऐसा ही ख़यालो-गुमान रहा है।

इस्लाम एक बहुत बड़ी हक़ीक़त, बहुत बड़ी क़ुव्वत और बहुत बड़ा इन्क़िलाब रहा है। अरबी, फ़ारसी, तुर्की और उर्दू अदब इस्लाम की रिवायात से मामूर हैं और शायद इस हद तक मामूर हैं कि अब इन्हें ग़ैर-इस्लामी अनासिर से मज़ीद नश्वो-नुमा हासिल करना ज़रूरी है, और यही हो भी रहा है। मैं ये नहीं कहता कि इस्लाम के वो अनासिर जो अब तक उर्दू-अदब में नहीं आ सके या अच्छी शक्ल में नहीं आ सके, आइंदा न लाए जायें। ऐसे अनासिर फ़ल्सफ़ियाना, मुफ़क्किराना, अख़्लाक़ी होंगे। रहन-सहन या ख़ारिजी ज़िंदगी के जुज़्वियात से उनका तअल्लुक़ ज़्यादा नहीं होगा। और ये जुज़्वियात जैसे और जितने आ सकते थे, आ भी चुके हैं। रहे मनाज़िरे-क़ुदरत सो वो मक़ामी या जुग़राफ़ियाई होते हैं, इस्लामी नहीं होते। पाकिस्तानी मुसलमानों की ज़िंदगी के मसाइल इस्लामी कम हैं और इक़्तिसादी ज़्यादा हैं। वहाँ के लोगों की मुनज़्ज़म कोशिशें या जद्दो-जहद सियासी, इक़्तिसादी, सनअती, हिर्फ़ती, इल्मी होंगी न कि इस्लामी। इसलिए अगर ये मान भी लिया जाए कि अभी बहुत-सी क़ीमती चीज़ें इस्लाम उर्दू अदब को दे सकता है तो भी पाकिस्तान के उर्दू-अदब में मक़ामी और आलमी अनासिर मकानी-ओ-ज़मानी या अस्री अनासिर को इस्लामी अनासिर से कहीं ज़्यादा अहमियत होगी और ये अहमियत पाकिस्तानी उर्दू-अदब को मिल रही है और मिलती जाएगी। हिंदुस्तान का हक़ीक़ी जदीद उर्दू-अदब बहुत हद तक या अकसर सौ फ़ीसदी हद तक पाकिस्तानी अदब होगा और पाकिस्तान का उर्दू-अदब हिंदुस्तानी अदब होगा। बक़ौल पाकिस्तान ही के एक शायर के :–

"दोस्तो, हाथ बढ़ाओ कि हैं हम आज भी एक
कौन कर सकता है तक़्सीम अदब की जागीर"

पाकिस्तान के मनाज़िर से, मोहन जोदड़ो और हड़प्पा से, पाकिस्तान के शहरों से, वहाँ की सनअतो-हिर्फ़त से उतना ही लगाव हिंदुस्तानी को होगा, जितना पाकिस्तानी को। दुनिया अब एक आलमी हुकूमत की तरफ़ गामज़न है। हमारी जंगे-आज़ादी सोशलिस्ट इन्क़िलाब की शक्ल नहीं इख़्तियार कर सकी, इसी से एक क़ौम और एक मुल्क दो हिस्सों में बंट गया। अब लोग एक ज़बानो-अदब को भी दो टुकड़े करके देखना चाहते हैं। लोग भूल जाते हैं कि 'हाली'-ओ-'इक़बाल' हिंदुओं की भी मिल्कियत हैं, 'टैगोर' और 'प्रेमचंद' मुसलमानों की भी मिल्कियत हैं।

अब हिंदुस्तान की ज़िंदगी के मुख़्तलिफ़ पहलुओं और कैफ़ियतों को उर्दू-अदब में ज़्यादा से ज़्यादा जगह देने की ज़रूरत को लीजिए। इस सिलसिले में तीन नाम

ज़हन में लाइए 'नज़ीर' अकबराबादी, प्रेमचंद और राक़िमुलहुरूफ़। हिंदुओं और मुसलमानों के कई और नाम भी लिए जा सकते हैं। हम लोगों की कोशिशें हिंदुस्तानी ज़िंदगी को उर्दू-अदब में ज़्यादा से ज़्यादा उजागर करने और उभारने की रही हैं। अलबत्ता ऐसा होने में हिंदुओं की ज़िंदगी के मख़्सूस जलवे ज़्यादा नज़र आएँगे। इसलिए हरगिज़, हरगिज़ नहीं कि हिंदू अकसरियत में है बल्कि इसलिए कि कई लिहाज़ से हिंदू-ज़िंदगी ज़्यादा रंगारंग और पहलू-दार है। ख़ारिजी और दाख़िली, दोनों लिहाज़ से ये रंगारंगी और पहलू-दारी उर्दू-अदब में इसी तरह आ जानी चाहिए जिस तरह वो संस्कृत, पाली, बंगाली, हिंदी, मागधी, उड़िया, मराठी, गुजराती और जनूबी हिंद की ज़बानों में मिलती है। हिंदू-ज़िंदगी जज़्बाती रिश्तों Associations से मालामाल है। इन Associations को अपना लेने से मुसलमान बेहतर मुसलमान बन जाएगा, घटिया मुसलमान नहीं बनेगा। इस्लाम के उसूल या जज़्बाती रिश्तों को अपनाकर हिंदू बेहतर हिंदू बनेगा, घटिया हिंदू नहीं बनेगा। मेरी नज़्म 'जुगनू' 'नुक़ूश' ही में शाया हुई थी, 'हिंडोला' 'सय्यारा' में शाया हुआ था, 'रूप' किताबी शक्ल में शाया हो चुकी है। इन सबमें जज़्बाती रिश्तों का इज़हार हुआ है, जो हिंदू-ज़िंदगी की रंगारंगी और पहलू-दारी का आईना दिखाते हैं, लेकिन जो मुसलमानों को भी वज्द में लाते हैं। हमारा ख़ून एक है, मुग़ायरत कहाँ तक मुमकिन है ?

हमारा मुल्क हिंदुओं की मिल्कियत है न मुसलमानों की। ये मुल्क बनी नौअ आदम की मादरे-वतन है। आज भी हमारे सीनों में तहज़ीब की पहली सुबहें साँस ले रही हैं, हमारे शऊर पर ख़िल्क़त की दाइमी अज़लियत आज भी मंडला रही है। हमारा कुफ़्र ईमान की आँखों में आँखें डाल देता है। काइनातो-इंसानियत की वहदत के तसव्वुर से आज भी हमारी पलकें नम हो जाती हैं। बुद्ध के चक्र, कृष्ण की बँसी, मंदिरों की घंटियों की आवाज़ और अज़ान की आवाज़ से हमारे मुल्क की फ़िज़ा गूँजती हुई है। ज़िंदगी रियासती या सियासी झगड़ों से बड़ी हक़ीक़त है और अदब भी दो क़ौमों की थियोरी से बड़ी चीज़ है।

अलबत्ता हिंदुस्तान या पाकिस्तान के अदब को हम ग़लती से हिंदू-अदब या इस्लामी-अदब बताने और बनाने की कोशिश करें तो कम-अज़-कम एक ग़लती न करें। यानी इस अदब को बाहम रजज़-ख़्वानी का आला या हरबा न बनाएँ, इस अदब के ज़रिए से दूसरी क़ौमों को चैलेंज या चुनौती न दें और इस अदब को काग़ज़ या दफ़्ती का ऐसा पर्दा न बनाएँ कि हम-वतनों, पड़ोसियों और दुनिया की ज़िंदगी को देखने, जानने और अपनाने का इम्कान ही मिट जाए। बड़ा अदब किसी क़ौम के अपनी खाल में मस्त रहने का अदब नहीं होता, उसमें आफ़ाक़ियतो-मक़ामियत का संगम होता है, अलहदगी Separatism क़ौमों, तहज़ीबों और फ़ुनून के लिए मौत का बाइस बन जाती है। हम हिंदुस्तानी ज़रूर हैं लेकिन

कुर्रा-ए-अर्ज़ या काइनात के भी शहरी हैं।

ये ख़त, ख़त काहे को हुआ, एक वाज़ बन गया। ये सोचकर कुछ शर्म-सी महसूस होने लगी कि मैं दूसरों का नासेहे-मुश्फ़िक़ बनने वाला कौन या मानी-जानी हुई हक़ीक़तों को ईजाद-बंदा करके पेश करना कहाँ की अक़्लमंदी है। इसलिए माज़रत के साथ इजाज़त चाहूँगा।

आपका ख़त मिल गया है। बाज़ बातें ग़ौर-तलब हैं, कहिए तो ग़ौर कर लूँ।

आपका
'फ़िराक़'

8/4, बैंक रोड, इलाहाबाद
31 दिसंबर, 1955

बिरादरम !

आज साल ख़त्म हो रहा है। अंग्रेज़ी में पुराने साल की रुख़्सत और नये साल की आमद पर टैनिसन की नज़्म मशहूर है। उर्दू में इस मौज़ूअ पर कोई नज़्म ध्यान में नहीं आती। इत्तिफ़ाक़ से अपनी एक नज़्म 'तलाशे-हयात' का ख़याल आ गया। इस नज़्म के आग़ाज़ी टुकड़े सुनिए :–

"मिहर के गिर्द ये ज़मीं
कर चुकी इक तवाफ़ और
क़ल्बे-ज़माँ मकाँ में आज
पड़ गया इक शिगाफ़ और

गंगो-जमन ने करवटें
बदलीं चमकते दर्द से
हिलती हैं रात की लटें
मौजे-हवा-ए-सर्द से

एक छुपी हुई लकीर
शर्क़ से दे रही है लौ
काँपते हैं किरन के तीर
फूटती है सुनहरी पौ

नींद के आबशारों ने
चौंक के आँखें खोल दीं
चश्मे उछल-उछल पड़े
नहरें उबल-उबल पड़ीं

हिंद के घूँघटों तले
कैसी सुहानी आग है
माँ के दमकते माथे पर
आज नया सुहाग है''

नौरोज़ के तसव्वुर से मुतास्सिर होकर हमारे कुछ और शुअरा भी इस मौज़ूअ को मैं चाहता हूँ कि उजागर करें।

आज एक अजीब ख़याल न जाने क्यों मेरे दिमाग़ में आया। जर्मन शायर 'गेटे' ने 'कालीदास' की 'शकुंतला' की जिन अल्फ़ाज़ में मदहसराई की है, दुनिया के किसी अदबी शाहकार की ऐसे अल्फ़ाज़ में तारीफ़ नहीं की गई। वो कहता है कि पूरे आफ़ाक़ की हक़ीक़तों को एक लफ़्ज़ में अगर मैं बयान कर देना चाहूँ तो ऐ 'शकुंतला' मैं तेरा नाम ले लूँगा और तमाम हक़ीक़तों का इज़्हार हो जाएगा।

'शकुंतला' एक हमागीर अलामती (Symbolic) तख़्लीक़ है। देखें, इसमें हमारे ज़माने के वाक़िआत की पेशीन-गोई मिलती है या नहीं। ऋषि के आश्रम को इश्तिराकी ममालिक तसव्वुर कीजिए और ऋषि की रियाज़त को इश्तिराकी इन्क़िलाब की जद्दोजहद समझिए। महाराजा दुष्यंत का शिकार के दौरान में शकुंतला को देखकर उस पर आशिक़ हो जाना दूसरी जंगे-अज़ीम में इम्पीरियलिस्ट ममालिक का सरमाया-दाराना हुकूमतों का मजबूरन रूस का साथ देना। तसव्वुर कीजिए शकुन्तला और दुष्यंत की शादी को जर्मनी की शिकस्त और रूस और उसके साथियों की फ़तह जानिए। फिर दुष्यंत का शकुंतला को भूल जाना और बद्दुआ के ज़ेरे-असर शकुंतला को दरबार से निकाल देना, फिर शकुंतला का बनबास, इसे ठंडी जंग (cold war) या बैनलअक़्वामी तनाव (Tension) समझिए, जिसका मुज़ाहिरा दुनिया में हो रहा है। फिर बाद को दुष्यंत और शकुंतला का मिलाप हम-वुजूदी (Co-existance) के उसूल की अमन के आदर्श की और इत्तिहादे-आलम क़ायम करने की कोशिशों की कामयाबी और फ़तह समझिए।

इस तरह 'शकुन्तला' चंद किरदारों का ड्रामा होते हुए तारीख़ के सबसे अहम दौर का ड्रामा बन जाता है।

आज के ख़त में कुछ ऐसी ही चलती-फिरती बातें कहूँगा। मैं इस अम्र से अच्छी तरह वाक़िफ़ हूँ कि मुतअद्दिद अदबी कारनामों में कभी-कभी इज्तिमाई अमल और जद्दोजहद का सैलाब आ गया है, जिससे क़ौमों की ज़िंदगी बदल गई है और तारीख़े-आलम सैराबो-शादाब हुई है। लेकिन अमल का महज़ ख़ारिजी, तख़्सीसी, या महज़ माद्दी लिहाज़ से फ़ाइदा-रसाँ तसव्वुर नामुकम्मल और नाक़िस तसव्वुर है। यही दूसरे फ़ुनूने-लतीफ़ा के बारे में कहूँगा। शाहकाराना-मुसव्विरी, बीथोवेन की नवीं सिम्फ़ोनी, शेक्सपियर के ड्रामे, अजंता का फ़न, या फ़ितरत की फ़नकारी मस्लन नग़्मा-ए-तयूर, क़ौसे-कजह, आबशारों का नग़्मा, परे-ताऊस, हिरन की आँख, फूलों

की रंगीनी-ओ-ख़ुशबू, ठांठे मारता हुआ समंदर, हिमालय की तम्कनत, तारों भरी रात, सहराओं और रेगिस्तानों की मंज़री अज़्मतें इस लिहाज़ से मक़सदी या इफ़ादी नहीं होतीं कि हम इज्तिमाई या इन्फ़िरादी जद्दोजहद में लग जाएँ। जहाँ मुहज़्ज़ब अमलियत समाज के लिए ज़रूरी है, वहाँ मुहज़्ज़ब मज्हूलियत भी समाज के लिए ज़रूरी है। बहर कैफ़ तास्सुर तहरीके-अमल नहीं है। अमल की अहमियत मानते हुए भी तास्सुर बराए-तास्सुर या ख़ालिस विज्दानी कैफ़ियत बराए-विज्दानी कैफ़ियत, अहसासे-जमाल बराए-अहसासे-जमाल की अहमियत भी माननी पड़ती है। अदब बराए-अदब, फ़न बराए-फ़न के फ़िक़रे ज़रा बदनाम हो चुके हैं लेकिन तास्सुर बराए-तास्सुर बराए-अमल नहीं महज़ बराए-तास्सुर या इस विज्दानी जमालियाती मोजिज़े का अहसास जिसे वर्ड्स वर्थ यूँ बयान करता है :–

"The light that never was on land or sea
The consecration and the Poet's dream."

हमारी ज़िंदगी की एक ऐसी दाख़िली ज़रूरत है जिसकी तशफ़्फ़ी और जिसकी अहमियत से इंकार नहीं किया जा सकता। ख़ारिजी अमल से क़तए-नज़र करके दाख़िली तौर पर ज़िंदगी को रचाने और सँवारने का काम कम अहम नहीं है। अहसास बराए-अहसास कोई इन्हिताती या खोखला स्लोगन नहीं और न ये नारा रज्अत-पसंदाना नारा है। हम हर तरह की क़ुर्बानी करके, कड़ी से कड़ी ऐसी मेहनत करके, जिससे समाज में फले-फूले अच्छे आदमी ज़रूर बनते हैं लेकिन बेख़ारिजी अमल और बेईसार के भी अहसासे-जमाल या विज्दानी कैफ़ियत हासिल करके हम शायद और अच्छे आदमी बन जाते हैं। अमल की एक नक़्वी हैसियत होती है यानी किसी बुराई को मिटाना, ख़ारिजी या माद्दी कमी को पूरा करना या हाजत रवाई, विज्दानी कैफ़ियत की इस्बाती हैसियत है, वो इतना बुराई दूर नहीं करती जितना अच्छाई को बेहतर बनाती है। समाज की वो तमाम अच्छी क़ुव्वतें जो अमल की शक्ल में ज़ाहिर होती हैं, इंसान को अच्छा बनाती हैं, बग़ैर फ़ुनूने-लतीफ़ा की मदद के भी। फ़ुनूने-लतीफ़ा इस अमली अख़्लाक़, नेकी और अच्छाई में लताफ़ते-अहसास का इज़ाफ़ा कर देते हैं।

जॉन स्टुवर्ट मिल की तमाम ज़िंदगी बेहतर से बेहतर इंसानी समाज बनाने की कोशिश में सर्फ़ हुई। लेकिन वो अपनी ख़्वाहिशों और आदर्शों की कामयाबी को यक़ीनी मानकर भी ख़ुदकुशी पर आमादा हो गया था। ऐन उसी वक़्त वर्ड्सवर्थ की नज़्मों की जिल्द उसके हाथ लगी जिसका असर ये हुआ कि अमली लिहाज़ से ग़ैर मक़सदी तौर पर उसे काइनातो-हयात के जमाल का अहसास हुआ और वो ख़ुदकुशी से बाज़ आया। क्या मैं ऐसी बातें कर रहा हूँ जिसे तसव्वुफ़ या ऐनियत कह कर टाल दिया जाए।

भरपूर कोशिश से कोई कम्युनिस्ट या इश्तिराकी समाज बीस-पच्चीस पंज-साला मंसूबों की जब तक्मील कर लेगा तो सारे ख़ारिजी अमल और अमली मक़ासिद मशीन पूरे करने लगेगी। इंसानी ख़ारिजी अमल सिकुड़ता जाएगा या बक़ौल इस्टालिन पूरी क़ौम इंजीनियरों की क़ौम बन जाएगी। उस वक़्त फ़ुनूने-लतीफ़ा हमें पैग़ामे-अमल न देंगे, विज्दानी कैफ़ियतें और अहसासाते-जमाल देंगे।

इसलिए हमें अदब के सिलसिले में मक़सद का लफ़्ज़ कितना ही अज़ीज़ क्यों न हो, ख़ारिजी मक़सद के इलावा दाख़िली या विज्दानी या कैफ़ियती मक़सद को माने बग़ैर कोई चारा नहीं है। इसी दाख़िली मक़सद को मद्दे-नज़र रखकर अदब बराए-अदब या फ़न बराए-फ़न का उसूल मानना पड़ेगा। यानी अदब बराए-ज़िंदगी और अदब बराए-फ़न के तज़ादो-तसादुम को मिटाना पड़ेगा।

लाहौर में सर्दी कैसी पड़ रही है। इन ख़तों में जो काम की बातें निकलें, उन्हें बेशक छाप दीजिए। मैं अपनी सेहत की तरफ़ से मायूस रह कर अब कुछ बेनियाज़-सा हो चुका हूँ।

आपका
'फ़िराक़'

*

हिंदुस्तान और पाकिस्तान के कई हल्क़ों में हिंदू-अदब या इस्लामी-अदब, हिंदुस्तानी तहज़ीब या इस्लामी तहज़ीब की बातें उठती रहती हैं और तहरीकें छिड़ती रहती हैं। ऐसे मसाइल पर मुनासिब ग़ौरो-फ़िक्र करना और फिर सही और कार-आमद नतीजे पर पहुँचना बड़ी ज़िम्मेदारी का काम है। हमारा अदबो-तहज़ीब बल्कि हमारा इज्तिमाई शऊरो-किरदार कैसा हो, हमारी क़ौमी ज़िंदगी का जिस्मो-जान कैसा हो, ये सब बातें फ़ैसला-कुन हद तक इस पर मुन्हसिर हैं कि हम जीने के लिए और दुनिया में तरक़्क़ी करने के लिए क्या-क्या करते हैं। पहले इल्म और तालीम को लीजिए। उलूम मुल्की, मज़हबी या मिल्ली न हैं, न हो सकते हैं। इल्मो-तालीम के मामले में हिंदुस्तानो-पाकिस्तान के लिए दुनिया के दूसरे ग़ैर-हिंदू-ओ-ग़ैर-मुस्लिम मुतमद्दिन मुल्कों और क़ौमों से किसी अहम लिहाज़ से मुख़्तलिफ़ तरीक़ा इख़्तियार करना नामुमकिन है। ज़राअत और सनअत के कामों में भी ग़ैर-मुस्लिमो-ग़ैर-हिंदू तरक़्क़ी-पज़ीर क़ौमों के साथ क़दम-ब-क़दम चलना है। हमारी पूरी इक़्तिसादी ज़िंदगी, सियासी ज़िंदगी, तमद्दुनी ज़िंदगी, तमाम अहम उमूर में और अहम पहलुओं में, बुनियादी और मरकज़ी तसव्वुरात में और बड़े मक़ासिद में दुनिया के बेदार मुल्कों और क़ौमों से मुख़्तलिफ़ नहीं हो सकती।

बहुत-सी चीज़ों में मस्लन हिंदुस्तान की ज़ुबान या ज़ुबानें और पाकिस्तान की ज़ुबान या ज़ुबानें, ग़िज़ा या ग़िज़ाएँ, पहनावा या पहनावे और कुछ रसूम एशिया और योरप या दुनिया के दूसरे हिस्सों से मुख़्तलिफ़ रहेंगे। लेकिन इन इख़्तिलाफ़ात को जुज़्वी या फ़ुरूई समझना चाहिए। तहज़ीब और तमद्दुन के मुआमले में दुनिया हिंदुस्तानो-पाकिस्तान समेत बड़ी तेज़ी से एक वहदत की तरफ़ बढ़ रही है। एक अखंड इंसानियत की तख़्लीक़ो-तामीर बहुत तेज़ी से हो रही है और तमाम डेढ़ ईंट की मस्जिदें ढाई जा रही हैं। उलूम ही के लिए नहीं बल्कि पूरी तहज़ीबो-तमद्दुन के लिए अब एशियाई या योरपी, मश्रिक़ी या मग़्रिबी रहना नामुमकिन हो रहा है।

* ये ख़त नहीं 'इस्लामी-अदब' पे 'फ़िराक़' का मज़्मून है, जो बाद के ख़तों की बुनियाद बना।

नई दुनिया की तारीख़ ये कलमा पढ़ रही है।

पहली ग़लती तो हम ये करते हैं कि हमारी ज़िंदगी की कुछ ख़ुसूसियतें जो जुग़राफ़ियाई असबाब से पैदा हो गई हैं उन्हें अब हिंदू या मुस्लिम समझने लगे हैं। हम ये भूल जाते हैं कि अगर बिलफ़र्ज़ इंगिलस्तान के बाशिंदों का मज़हब हिंदू या मुस्लिम होता है तो भी इंग्लिस्तान की तहज़ीब वही होती जो आज है। दूसरी ग़लती हम ये करते हैं कि ईजाबी उमूर को असबाती उमूर मान लेते हैं। मस्लन अगर हम रेल ईजाद नहीं कर सके और ऊँट या बैल की सवारी करने पर मजबूर हुए तो ऊँट और बैल की सवारियों को हिंदू-मुस्लिम तहज़ीब कहने लगते हैं, अगर हम ट्रैक्टर से खेती नहीं कर सकते तो क़दीम तरीक़ों से खेती करने को हिंदू या मुस्लिम तरीक़ा-ए-ज़राअत मान बैठते हैं, अगर हम जदीद जम्हूरी सियासत या मार्क्सी इश्तिराकियत के उसूल और तरीक़े नहीं सोच सके तो राम-राज या ख़ुलफ़ा के अहदे-हुकूमत के सियासी या हुकूमती इन्तिज़ामों को हिंदू या मुस्लिम तहज़ीब समझ बैठते हैं। जो उलूम या जैसा तमद्दुनो-तहज़ीब हिन्दुओं और मुसलमानों ने या उनके अस्लाफ़ ने वज़्अ किए, उन्हीं को हम हिन्दू-ओ-मुस्लिम ज़िंदगी समझते हैं। हम माज़ी को दवाम का ताज पहना देते है। ये भूल जाते हैं कि हमारा माज़ी ज़रूर हमारा है, हम माज़ी के नहीं। हम ये भी भूल जाते हैं कि अब दुनिया में तरक़्क़ी के उसूल और तरीक़े बाहम मुख़्तलिफ़, मुतज़ाद और मुतसादिम नहीं हो सकते। हिंदू या मुस्लिम उसूले-तरक़्क़ी के बेमानी फ़िक़रे हैं।

आइए, आज हम इसी अम्र पर इक्तिफ़ा करें कि क्या हमारा अदब दुनिया के दूसरे रौशन-ज़मीर, बसीरत-अफ़्रोज़, किरदार-साज़, हयात-आवर और तरक़्क़ी-पसंद अदब से या ऐसे अदब के मेयारों या आदर्शों से मुख़्तलिफ़ हो सकता है और इन मानों में मुख़्तलिफ़ कि वो हिंदू या मुस्लिम अदब कहलाए ? मेरे अज़ीज़ दोस्त प्रोफ़ेसर मुहम्मद हसन असकरी ने बारहा और बरसों से अपनी मुतअद्दिद तहरीरों में फ्रांस के मशहूर अदीबों की बातों और उसूलों को इस ग़रज़ से दुहराया है कि हम उनकी बातों को अदब और सच्चाई समझ लें। ये उसूल अदब के मुतअल्लिक़ मार्क्सी उसूलों से लाख मुख़्तलिफ़ सही लेकिन बाबा, फ्रांस के अदीबों की ये बातें और उनके ये उसूल मुसलमान या इस्लामी या पाकिस्तानी कब और कैसे हो गईं। क्या अरब, ईरान और दूसरे इस्लामी मुल्कों के मुफ़क्किरों ने भी अदब के वही अग्राज़ो-मक़ासिद बताए हैं जो इन फ्रांसीसी अदीबों ने बताए हैं इस्लाम की इब्तिदाई सदियों में अहले-अरब ने 'अफ़लातून' या 'अरस्तू' से अदब के जो उसूल हासिल किए वो उसूल क्या इस्लामी थे। क़ुरआन जिस इंसानियत की तामीर चाहता है क्या फ्रांस के वो अदबा भी जिनका ज़िक्र अभी आया है, उसी तरह की इंसानियत की तामीर चाहते हैं। अगर दुनिया भर का बुलंद अदब इन ज़बानों में कामयाब तर्जुमों के ज़रिए मुन्तक़िल कर दिया जाए, जिन्हें मुसलमान बोलते हैं तो क्या

ये तमाम अदब इस्लामी हो जाएगा। 'फ़िरदौसी', 'सादी', 'हाफ़िज़' और फ़ारसी के दूसरे मशाहीर का अदब अरबी-अदब से बहुत मुख़्तलिफ़ है। इनमें और अरबी अदब में इससे ज़्यादा फ़र्क़ है जितना इनमें और अंग्रेज़ी या जर्मन अदब में फ़र्क़ है। तो फ़ारसी अदब इस्लामी रहा या अरबी अदब ? या बंगाल के जसीमुद्दीन या नज़रुलइस्लाम का अदब इस्लामी रहा, जिसमें दीगर 'इस्लामी' शायरी से बादुलमश्रक़ैन है ? क्या मीर 'हसन' की मसनवी इस्लामी अदब है और 'गुलज़ारे-नसीम' ग़ैर-इस्लामी अदब है ? क्या मंटो के अफ़साने इस्लामी हैं और कृष्ण चंद्र के अफ़साने काफ़िरों का अदब है, क्या 'इक़बाल' का अदब इन मानों में अदब है कि उसमें बुनियादी तसव्वुरात या मरकज़ी मुहर्रिकात या उसकी दाख़िली रगें किसी ग़ैर-मुस्लिम शायर के यहाँ मिल ही नहीं सकतीं ? क्या 'शरर' के नॉविल इस्लामी अदब हैं और रतननाथ 'सरशार' का 'फ़साना-ए-आज़ाद' और दूसरे नॉविल ग़ैर-मुस्लिम अदब हैं ? संस्कृत ज़बान में 'नल-दमयंती' का क़िस्सा हिंदू अदब है और 'फ़ैज़ी' की मसनवी 'नल-दमन' इस्लामी है ? 'जोश' मलीहाबादी, अली सरदार जाफ़री, अहदम 'नदीम' क़ासमी, मुमताज़ हुसैन का अदब क्या ग़ैर-इस्लामी हैं और दूसरे बहुत से दीगर मुसलमानों का अदब इस्लामी है ? क्या 'इक़बाल' की कुछ नज़्में ग़ैर-इस्लामी या ख़िलाफ़े-इस्लाम हैं और कुछ नज़्में इस्लामी हैं ? क्या 'ग़ालिब' के ऐसे मिस्रे या अश्आर,

'मरे बुतख़ाने में तो काबे में गाड़ो बिरहमन को'

या

'मिल्लतें जब मिट गईं अज्ज़ा-ए-ईमाँ हो गईं'

या

'दोज़ख़ में डाल दो कोई लेकर बहिश्त को'

या

'मीर' का ये मिस्रा

'मुझे तो शर्म दामन-गीर होती है ख़ुदा होते'

या ऐसे मिस्रे मस्लन

'काफ़िरे-इश्क़म मुसलमानी मिरा दरकार नीस्त'

ग़ैर-इस्लामी अदब हैं ? ऐसी सैंकड़ों मिसालें हैं जो पेश की जा सकती हैं। ये हक़ीक़ते-हाल शायरे-मिल्लत' इक़बाल' और अब तक के दूसरे अदीबों की रही है—लगे हाथों ये भी बे पूछे नहीं रहा जाता कि प्रोफ़ेसर असकरी साहिब क्या अपने अफ़सानों और दीगर तहरीरों को इस्लामी या पाकिस्तानी अदब समझते हैं ? क्या माज़ी-ओ-हाल के किसी दूसरे अदीब की तहरीरों को असकरी साहिब अपनी तहरीरों के मुक़ाबले में ज़्यादा पाकिस्तानी या इस्लामी समझते हैं ?

फिर ये क्या क़िस्सा खड़ा कर रखा है इस्लामी, पाकिस्तानी या ग़ैर-

इस्लामी-ओ-ग़ैर-पाकिस्तानी अदब का ? अहमद रियाज़, एक पाकिस्तानी शायर की एक नज़्म 'इल्हाक़' के बारे में असकरी साहिब क्या कहते हैं। नज़्म यूँ शुरू होती है :–

"दोस्तो, हाथ बढ़ाओ कि हम हैं आज भी एक
कौन कर सकता है तक़्सीम अदब की जागीर"

अब ज़रा अदब के मुस्तक़बिल पर निगाह डालिए। जहाँ तक ज़बान और अस्नाफ़ का तअल्लुक़ है, अंग्रेज़ी अदब ने ज़बान के अख़्लाक़ के बावजूद बहुत से अस्नाफ़े-अदब यूनानी और लातीनी ज़बानों से हासिल किए हैं फिर योरप के मुख़्तलिफ़ अदबों में ज़बान का फ़र्क़ है और बहुत से अस्नाफ़े-सुख़न सब ज़बानों में आम हैं और बहुत से मुख़्तलिफ़। जहाँ तक मुझे इल्म है योरप के किसी अदब की तारीख़ में कोई ऐसी तहरीक नहीं उठी कि हमारा अदब ईसाई अदब हो या इंग्लिस्तानी अदब हो या इतालवी अदब हो या हस्पानवी अदब हो, अलबत्ता हर मुल्क का मक़ामी रंग और मक़ामी मिज़ाज और क़ौमी स्पिरिट योरप की मुख़्तलिफ़ ज़बानों के अदब में ज़रूर रू-नुमा है। फिर भी योरप का अदब एक पूरी इकाई है, उसमें एक तसलुसुल और कल्चरी या तहज़ीबी इत्तिहादो-वहदत है। मज़हबी ख़ुसूसियत तो योरोपियन अदब का बहुत अहम हिस्सा है ही नहीं, बग़ौर देखने से योरप महज़ तहज़ीब के लिहाज़ से नहीं बल्कि अदब के लिहाज़ से भी एक पूरी इकाई है। योरप और एशिया के अदब में भी अब तक रंगारंग अख़्लाक़ के बावजूद (अख़्लाक़, लेकिन तसादुम नहीं) इंसानी तहज़ीब के कुल्लियों के लिहाज़ से बहुत कुछ यकसानियत रही है। ऐसा न होता तो जर्मन शायर 'गेटे' 'कालीदास' की 'शकुंतला' और ईरान के शुअरा का क़सीदा न कहता और न 'इक़बाल' संस्कृत के अदीबों और मुफ़क्किरों को ख़िराजे-तहसीन अदा करते। इस पस-मंज़र में हमें अब अदब के मुस्तक़बिल के बारे में सोचना चाहिए।

जो हज़रात क़ाबिले-अफ़सोस ख़ुद-फ़रेबी या गुमराही का शिकार होकर किसी पाकिस्तानी या इस्लामी अदब का पाकिस्तान में ख़्वाब देख रहे हैं उन्हें मुन्दर्जे-ज़ेल सवालातो-मसाइल का सामना करना पड़ेगा :–

1. ज़राअत की तरक़्क़ी, सनअतो-हिर्फ़त की तरक़्क़ी, उलूमो-तालीम की तरक़्क़ी, हुकूमत की ख़ुश-इंतिज़ामी, पाकिस्तान की आबादी की हर मुमकिन तरक़्क़ी के लिए वो कौन से ख़यालात, कौन सी स्कीमें या प्रोग्राम या कौन से काम ऐसे हो सकते हैं जो इस्लामी कहलाएँ या जो ग़ैर-मुस्लिम मुल्कों के लोग सोच नहीं सकते या अमल में नहीं ला सकते। अगर इस्लामी अदब के अलम-बरदार इस सिलसिले में एक बात भी बता नहीं सकते तो ये बात साफ़ हो जाती है कि पाकिस्तान की आबादी की तरक़्क़ी जिस अदब के ज़रिए से कराई जा सकती है वो अदब

इस्लामी-अदब नहीं हो सकता। दुनिया के किसी मुल्क की तरक़्क़ी या इस्लाह हिंदू-अदब, ईसाई-अदब, यहूदी-अदब, बौद्ध-अदब या इस्लामी-अदब की मदद से न कहीं हो रही है न हो सकती है। चुनाँचे पाकिस्तान का सेहत-मंद व सेहत-बख़्श अदब किसी लिहाज़ से इस्लामी-अदब नहीं हो सकता। इस्लामी नारों का या किसी मज़हब के नारों का उन तामीरी कामों से कोई तअल्लुक़ नहीं जिनके ज़रिए से करोड़ों पाकिस्तानियों की माली, ज़हनी और अख़्लाक़ी तरक़्क़ी में मदद मिल सकती है।

2. मश्रिक़ी पाकिस्तान में हिंदू-आबादी इतनी बड़ी है जितनी कई इस्लामी और ग़ैर-इस्लामी मुल्कों की पूरी आबादी नहीं है। मश्रिक़ी पाकिस्तान में इस्लामी-अदब इतनी बड़ी हिंदू-आबादी को अपने यहाँ क्या जगह देगा और वो अदब किस ज़बान में होगा ? क्योंकि वहाँ की बंगाली ज़बान महज़ एक बोली नहीं है बल्कि कई लिहाज़ से उर्दू से ज़्यादा तरक़्क़ी-याफ़्ता ज़बान है। क्या मश्रिक़ी पाकिस्तान के लिए जिस इस्लामी-अदब की सई-ए-लाहासिल कुछ लोग चाहते हैं वो बताएँगे कि उस अदब से वहाँ की इतनी बड़ी हिंदू-आबादी क्या फ़ाइदा उठा सकेगी, क्या जिंदगी पा सकेगी, जिस तरह पंजाब की बोली पंजाबी थी और अदब उर्दू था उस तरह हम बंगाल के बारे में नहीं सोच सकते। वहाँ की बोली और अदब दोनों की ज़बान क़ुदरत के अटल क़ानून के मुताबिक़ बंगाली है और बंगाली रहेगी—और इस बंगाली ज़बान और अदब में हिंदू-मुस्लिम अवाम की तरक़्क़ी के लिए न कोई इस्लामी नारा काम आएगा, न कोई अछूता इस्लामी प्रोग्राम और न कोई मख़्सूस इस्लामी जज़्बा, न कोई इस्लामी तसव्वुरात।

मेरे अज़ीज़ दोस्त हसन असकरी साहिब ने अब तक हज़ारहा सफ़हे ख़ुद लिख डाले हैं। मैं उनसे निहायत ख़ुलूस के साथ पूछना चाहता हूँ कि उनकी तहरीरों के उन चंद सफ़हात को छोड़कर जिनमें उन्होंने कोई इस्लामी-अदब नहीं पेश किया बल्कि इस्लामी-अदब का सिर्फ़ नारा लगाया या उनकी नव्वे फ़ीसदी तहरीरें क्या इस्लामी अदब हैं ? उनकी उन तहरीरों में क़ुरआने-पाक, अहादीस, इस्लामी-तारीख़, मुसलमान मुफ़क्किरों की तहरीरों या ख़यालात के हवाले नहीं मिलते, बल्कि सबके सब हवाले मआख़िज़ उन फ्रांसीसी या मग़्रिबी मुसन्निफ़ों से लिए गए हैं जिन्हें इस्लाम से दूर का भी वास्ता नहीं।

इस सिलसिले में डॉक्टर 'इक़बाल' के अदबी कारनामों का तसव्वुर बहुत बड़ा धोखा पैदा कर सकता है। 'इक़बाल' के यहाँ मर्दे-मोमिन, ख़ुदी, हिजाज़ियत या रह-रहकर क़ुरआन और इस्लामी तारीख़ के हवाले ऐसे अल्फ़ाज़ और ऐसी चीज़ें हैं जो इस्लामी-अदब का पुर-फ़रेब तसव्वुर लोगों के दिलों में पैदा कर दें। लेकिन अगर अदब को किसी ऐसे अमल की तलक़ीनो-तब्लीग़ करना है जो समझ में आ सके, जिसे बरता जा सके, जो एक मुनज़्ज़िम कोशिश की शक्ल में समझा

या देखा जा सके तो ये कहना नामुमकिन होगा कि ज़राअत, सनअतो-हिर्फ़त, सियासत, इक़्तिसादात, तालीम और ज़िंदगी के तमाम शौबों के मुतअल्लिक़ 'इक़बाल' की वो कौन सी तालीम है जो किसी ग़ैर-मुस्लिम फ़र्द या समाज को सूझ ही नहीं सकती या जिसे किसी ग़ैर-मुस्लिम समाज में अमल का जामा पहनाया नहीं जा सकता। जब हम ठोस इन्तिज़ामी या अमली शक्ल में 'इक़बाल' के बुलंद-आहंग अदब से कोई बात हासिल करना चाहते हैं तो हमें कोई आधी इस्लामी बात भी हाथ नहीं आती। ख़ूबसूरत नारे ज़हन की फ़िज़ा में मौजें मार कर रह जाते हैं। 'इक़बाल' के कलाम से पैदा होने वाला जोश पाकिस्तान तो बनवा सकता है लेकिन पाकिस्तान के इन्तिज़ाम के लिए, पाकिस्तान की इज्तिमाई ज़िंदगी के अहम जुज़इयात के लिए उसके कलाम में कुछ नहीं मिलता।

हक़ीक़त ये है कि पाकिस्तान हो या हिंदुस्तान या दुनिया का कोई मुल्क हो, आज उसकी ज़िंदगी या तो एक नीम मुर्दा ज़राअती और कच्चा माल पैदा करने वाले मुल्क की ज़िंदगी होगी या इंग्लिस्तान की तरह सरमाया-दाराना निज़ाम के तहत मशीनों पर मुनहसिर होगी, जो नौ-आबादियों को लूटकर ही क़ायम रखी जा सकती है या फिर रूस या चीन की ज़िंदगी से मिलती-जुलती इश्तिराकी ज़िंदगी होगी। क़ौमी या मुल्की निज़ाम के अब हिंदू होने या मुसलमान होने के दिन लद गए, लिहाज़ा क़ौमी और मुल्की अदब के इस्लामी या ग़ैर-इस्लामी अदब होने के दिन भी लद गए।

कुछ और सवालात इस्लामी अदब के अलम-बरदारों की ख़िदमत में पेश करने के बाद ये मज़्मून ख़त्म करके रुख़्सत चाहूँगा। हसन असकरी साहिब और उनके हम-ख़याल सर सैयद अहमद की तफ़्सीरे-क़ुरआन और मौलाना अबुल कलाम आज़ाद की तफ़सीरे-क़ुरआन या अंग्रेज़ी में मुहम्मद अली क़ादियानी का तर्जुमा-ए-क़ुरआन या फिर अंग्रेज़ मुसन्निफ़ सेल (Sale) के तर्जुमा-ए-क़ुरआन को क्या इस्लामी अदब मानते हैं, अगर हाँ तो अबुल कलाम आज़ाद मुस्लिम लीग और पाकिस्तान के मुख़ालिफ़ रहे। मुहम्मद अली क़ादियानी थे। सेल मुशर्रफ़ बासलाम नहीं हुए। शिबली ने अकाबिरे-इस्लाम और पैग़ंबरे-इस्लाम की सवानह-उमरियाँ लिखीं और हमेशा मुस्लिम लीग के ख़िलाफ़ रहे। हिंदुस्तान में पौने चार करोड़ मुसलमान हैं। इनमें जो अदीब हैं और हुकुमते-हिंदुस्तान के ख़ैर-ख़्वाह हैं या जिन्होंने पाकिस्तान बनने की मुख़ालफ़त की थी। क्या ये लोग हसन असकरी साहिब के नज़दीक इस्लामी अदब पैदा कर सकते हैं, क्या क़ाज़ी नज़रुलइस्लाम का अदब इस्लामी अदब है, क्या तुर्की के इन्क़िलाबी और इश्तिराकी शायर नाज़िमे-हुकूमत का कलाम इस्लामी अदब है ? क्या ख़लील जिब्रान ने जो मुसलमान नहीं थे और जिनकी तस्नीफ़ें अरबी में हैं और जिन्हें अरबी-अदब में एक बुलंद मर्तबा हासिल है, इस्लामी-अदब पैदा किया ? क्या जिन फ्रांसीसी मुसन्निफ़ों से हसन असकरी साहिब रौशनी और हिदायत हासिल करते

हैं वो इस्लामी-अदब पेश करते हैं ? क्या कश्मीर के वो मुसलमान शायरो-अदीब इस्लामी-अदब पैदा करते हैं, जिनकी तस्नीफ़ों का कश्मीर में शुहरा है और जो कश्मीर के मुस्तक़बिल के मुआमले में असकरी साहिब से मुत्तफ़िक़ नहीं हैं। क्या अफ़ग़ानिस्तान का कोई ऐसा मुसलमान मुसन्निफ़ जिसे पाकिस्तान से सख़्त मुख़ालफ़त है, इस्लामी-अदब पैदा कर सकता है। मुआमला महज़ इस्लामी-अदब या इश्तिराकी-अदब का नहीं है, बल्कि इस्लाम से बेकराँ मुहब्बत रखते हुए उन मुसलमान अदीबों का भी मुआमला है जो ऐसे सियासी नज़रिए रखते और पेश करते हैं जो आपस में मुतसादिम हैं और जिनमें हर एक ख़ुलूस के साथ इस्लाम और मुसलमानों की तरक़्क़ी चाहता है। दुनिया भर के मुसलमान, दुनिया भर के इस्लामी ममालिक को ज़िंदगी के उमूर में मुत्तहदा समझना मेरे ख़याल में तो उतनी ही बड़ी ग़लती है जितनी दुनिया के ईसाई ममालिक को इन उमूर में मुत्तहदा समझना। न ईसाई ममालिक अपने अपने मफ़ाद की ख़ातिर ऐसा करेंगे और न ही इस्लामी ममालिक अपनी-अपनी मस्लहतों के बावस्फ़ ऐसा करने पर आमादा होंगे।

रही बात मुक़ामी रंग की, पाकिस्तान के दरिया, पहाड़ या वहाँ की समाजी ज़िंदगी में जो यकसानियत या इख़्तिलाफ़ है, उसकी मुसव्विरी करना और उसे इस्लामी या पाकिस्तानी अदब समझना, तो ये एक बेज़रर तसव्वुर है, अगरचे कई लिहाज़ से ग़लत भी है। इस काम में हाथ बटाने के लिए हिंदू या मुसलमान होने की कोई क़ैद नहीं।

आपका
'फ़िराक़'

बिरादरम मुहम्मद तुफ़ैल साहिब !

'फ़िराक़' का सलामे-मुहब्बत लीजिए। मई-जून 1953 का 'नुक़ूश' मिला। इस शुमारे में अपनी ग़ज़ल जो मैंने देखी तो मक़्ते पर अटक गया, जो मैंने यूँ लिख भेजा था और जो यूँ ही छपा भी है :–

''ऐ 'फ़िराक़' इश्क़ है वो इक शररे-ख़ुद-अफ़रोज़
कि जला भी न सकूँ और बुझा भी न सकूँ''

इस मक़्ते में कई ऐब हैं। पहले मिस्रे में या तो 'फ़िराक़' की 'क़' दबती है या इश्क़ की 'इ' दबती है, दूसरा ऐब ये है कि शरर को जलाना क्या। ये ऐब दूसरे मिस्रे में है। मेरा अस्ल मिस्रा, जो योमे-'ग़ालिब' पर मैंने पढ़ा था, यूँ है :–

''इश्क़ की आग है वो आतिशे-ख़ुद-सोज़ 'फ़िराक़'
कि जला भी न सकूँ और बुझा भी न सकूँ''

मैंने इस्लाह करके अपने ही बेऐब मक़्ते का नास मार दिया था। ख़ैर जब होमर भी ऊँघ जाता है (Even Homer nods) तो हम लोग किस शुमार में हैं। बहरहाल मुझे भी झपकी आ गई थी। आपसे और क़ारईने-'नुक़ूश' से मुआफ़ी का ख़्वाहिस्तगार हूँ।

डॉक्टर मुहम्मद अहसन फ़ारूक़ी साहिब का मज़्मून भी इस्लामी अदब के मुतअल्लिक़ अपने मज़्मून के जवाब में पढ़ा। इस बहस को मैं अपनाना नहीं चाहता। इसमें दूसरों का भी हिस्सा होना चाहिए, लेकिन कुछ उमूर की तरफ़ तवज्जोह दिलाने को जी चाहता है। डॉक्टर फ़ारूक़ी साहिब के जवाब का बहुत बड़ा हिस्सा रूहानियत बनाम माद्दियत की नज़्र हो गया है। मैंने अपने मज़्मून में ये मसअला बिल्कुल नहीं उठाया था। डॉक्टर फ़ारूक़ी साहिब ने रूहानियत के जिन मुआवनों के बयानात या अहकामात पेश किए हैं उनमें एक बेचारा भी मुसलमान नहीं। अगर वो रूहानियत के क़ाइल हैं तो उनकी रूहानियत को इस्लाम क्यों समझा जाए–शेक्सपियर, दाँते, रविन्द्रनाथ टैगोर, तुलसीदास, सूरदास, कालीदास, इन सबके अदब में रूहानियत झलक रही है और कुछ में तो कूट-कूट कर भरी हुई है। यही हाल भागवत गीता और उपनिषदों का है। ये तमाम अदब रूहानियत का हामिल तो है। रूहानियत

की शानदार तर्जुमानी और नुमाइन्दगी इस अदब में मिलती है लेकिन क्या डॉक्टर फ़ारूक़ी साहिब ये कहने को तैयार हैं कि ये तमाम आफ़ाक़ी और शानदार अदब इस्लामी है ? डॉक्टर फ़ारूक़ी साहिब को चाहिए था कि वो ग़ैर-इस्लामी शुहरा-ए-आफ़ाक़ रूहायिनत और ख़ालिस इस्लामी-रूहानियत के फ़र्क़ को वाज़ह फ़रमाते।

डॉक्टर 'इक़बाल' ने 'हाफ़िज़' और बहुत से ईरान के ऐसे मुसलमान शुअरा के कलाम को बिल्कुल नाकारा और ग़ैर-इस्लामी बताया है जिनके यहाँ रूहानियत और तसव्वुफ़ की अफ़्रात है। मशहूर-तरीन मुसलमान अदीबों के रूहानी-अदब को डॉक्टर 'इक़बाल' ने इस्लामी-अदब नहीं माना। डॉक्टर 'इक़बाल' के नज़दीक क़रीब-क़रीब तमाम ईरानी-अदब और मुसलमानों का दिया हुआ क़रीब-क़रीब तमाम उर्दू-अदब अज़ीम और ग़ैर-इस्लामी है और वही डॉक्टर 'इक़बाल' गुरु नानक, ऋषि विश्वामित्र (जिसे वो रफ़ीक़े-काइनात कहते हैं), भ्रतरी हरी वग़ैरा को ख़िराजे-अक़ीदत पेश करते हैं, स्वामी रामतीर्थ के गुण गाते हैं, शेक्सपियर के मुतअल्लिक़ ऐसे शानदार अल्फ़ाज़ इस्तेमाल करते हैं जो किसी इस्लामी मुसन्निफ़ के लिए उन्होंने इस्तेमाल करना मुनासिब नहीं समझा। फिर 'ग़ालिब', 'दाग़' 'अमीर' के कारनामों को भी सराहते है। जब हक़ीक़ी और शानदार अदब का सामना होता है तो डॉक्टर इक़बाल इस्लामी और ग़ैर-इस्लामी अदब, इस्लामी और ग़ैर-इस्लामी अदीब के फ़र्क़ को भूल जाते हैं। जर्मनी के बिल्कुल ग़ैर-इस्लामी शुअरा को बेतकान ख़िराजे-अक़ीदत पेश करते हैं।

आइए, आगे बढ़ें ! हम लोग अदब का ज़िक्र आते ही शायरी का तसव्वुर करने लगते हैं। इस ज़माने में नॉविल अहम-तरीन सिन्फ़े-अदब हैं। भला कहीं नॉविल इस्लामी या ग़ैर-इस्लामी हो सकता है। अगर कोई मुसलमान उर्दू में नॉविल लिखे तो वो डिकिन्स, विक्टर ह्यूगो, टालस्टाय, गोर्की और ऐसे ही दर्जनों ग़ैर-इस्लामी नॉविलों और नॉविल-निगारों से तो बहुत कुछ हासिल कर सकता है और हक़ीक़त ये है कि जहाँ तक नॉविल का तअल्लुक़ है, हमें इसी तरह ग़ैर-इस्लामी योरप की जानदार तक़्लीद करना है, जिस तरह साइंस और दीगर उलूम में। मज़हबी मक़ासिद को पेशे-नज़र रखकर डॉक्टर नज़ीर अहमद या 'शरर' के नॉविल लिखे गए, लेकिन प्रेमचंद के नॉविलों के सामने इनकी हक़ीक़त क्या है। इसी तरह नाटक या ड्रामा, सवानह-उमरी, तारीख़, मुख़्तसर अफ़साना, तन्क़ीद, मज़्मून-निगारी और दूसरे तमाम अस्नाफ़े-अदब अगर इस्लामी होना चाहें तो मज़्हका ख़ेज़ होकर रह जाएँगे। रही शायरी तो इन चंद चीज़ों को छोड़कर जहाँ इस्लाम की रट लगाई गई है मुसलमानों की ऐसी बड़ी से बड़ी शायरी ऐसी चीज़ नहीं रही है जिसे ग़ैर-मुस्लिम बड़ा शायर न पेश कर सकता हो। एक मुसलमान कालीदास या प्रेमचंद के कारनामों का मुसन्निफ़ हो सकता है और एक हिंदू 'इक़बाल' और क़ाज़ी नज़रुलइस्लाम के कारनामों का मुसन्निफ़ हो सकता है। पूरा अदब न नूर-नामा होता है, न मज़हबी अक़ाइद का

इज़हार। बुलंद मुहज़्ज़ब इंसानियत के नाम पर ऐसे मुख़्तलिफ़ शानदार अदबी कारनामे नहीं तस्नीफ़ किए जाते, जो आपस में टकराएँ। अख़्लाक़, इद्राक, ज़िंदगी की बेश-बहा क़दरें, बुलंद नज़रिए फ़लाहो-तरक्क़ी के जो अनासिरो-मुहर्रिकात किसी एक बड़े मज़हब में हैं, वही दूसरे बड़े मज़हब में हैं। इसलिए अगर अदब में रूहानियत की ज़रूरत मान भी ली जाए तो उसे रूहानी-अदब कहिए ख़्वाह-म-ख़्वाह उसे इस्लामी-अदब क्यों कहिए ? या सिर्फ़ इस्लामी-अदब रूहानी अदब है ? हक़ीक़त तो ये है कि अरबी-अदब, ईरानी-अदब, हिंदुस्तानी अदब तो बामानी फ़िक़रे हैं, लेकिन इस्लामी-अदब एक मुह्मल फ़िक़रा है। डॉक्टर फ़ारूक़ी साहिब को ऐसे मज़्मूनों का उन्वान रखना चाहिए 'रूहानी-अदब क्यों नहीं' न कि 'इस्लामी अदब क्यों नहीं'।

डॉक्टर फ़ारूक़ी साहिब उर्दू को सिर्फ़ 'इस्लामियत' का तर्जुमान समझ बैठे हैं। उन्हीं हिंदू अदीबों को वो उर्दू में कामयाब बताते हैं जो इस्लामी रिवायतों, इस्लामी नामों, इस्लामी बातों से अपने अदब को सजाते हैं। फिर प्रेमचंद उर्दू के सबसे बड़े अफ़साना-निगार और नॉविल-निगार गोया इस्लामी-अदब पेश करते हैं। कृष्ण चंद्र, राजेंद्र सिंह बेदी, कन्हैया लाल कपूर, चकबस्त—ये सब के सब गोया इस्लामी-अदब पेश करते हैं, क्योंकि ये सब के सब उर्दू के चोटी के अदीब हैं ? रहीं हिंदुस्तान की और ज़बानें जैसे बंगाली, पंजाबी, गुजराती, मराठी वग़ैरा या क़दीम हिंदी—सो ये सब बेचारी इस क़ाबिल कहाँ कि इस्लामी-अदब पेश कर सकें, मालूम नहीं अंग्रेज़ी, फ़्रांसीसी, जर्मन और दुनिया की और मशहूर ज़बानों के मुतअल्लिक़ डॉक्टर फ़ारूक़ी साहिब का क्या ख़याल है ? क्या ये बेचारियाँ इस्लामी-अदब पेश कर सकती हैं ? अगर नहीं तो इसका मतलब ये हुआ कि अगर इंग्लिस्तान, फ़्रांस, जर्मनी, रूस, चीन वग़ैरा ममालिक मुसलमान हो जाएँ तो उन सबको अपनी मादरी, क़ौमी, अदबी और तहज़ीबी ज़बान और अमली ज़बान भी या तो अरबी या फ़ारसी या तुर्की या पुश्तो या उर्दू बनानी पड़ेगी। या सारा हिन्दुस्तान अगर मुसलमान हो जाए तो उर्दू को छोड़कर यहाँ की सब ज़बानें और उनके अदब भी ख़त्म हो जाएँगे क्योंकि मुसलमान हिंदुस्तान में सिर्फ़ इस्लामी-अदब की तख़्लीक़ो-तामीर करेगा और ये सिर्फ़ उर्दू में मुमकिन है।

डॉक्टर फ़ारूक़ी साहिब ने 'इक़बाल' के लिए जो हमारे दिलों में अहतिराम है उससे नाजाइज़ फ़ाइदा उठाना चाहा है। अपने मज़्मून के आख़िर में 'इक़बाल' ही के नाम पर उन्होंने तान तोड़ी है ये कहते हुए कि हमें वही अदब तैयार करना है जिसका नमूना 'इक़बाल' दे गए हैं। यहाँ फिर गुज़ारिश करूँगा कि नॉविल, अफ़साना-निगारी, नाटक और अदब के बहुत से अस्नाफ़ यहाँ तक कि ख़ुद शायरी के बहुत से पहलू ऐसे हैं जिन्हें 'इक़बाली-अदब' से मुख़्तलिफ़ होना पड़ेगा। किसी ज़बानो-अदब का सबसे बड़ा आदमी भी मुस्तक़िल तौर पर उस ज़बानो-अदब को

अपने दिए हुए साँचों में मुक़ैयद नहीं कर सकता। अलबत्ता मुकद्दमा-ए-शेरो-शायरी की तरह 'इक़बाल' ने भी कोई मुफ़स्सलो-मुकम्मल अदबी एलान-नामा नस्र में दिया होता तो उस पर ग़ौर किया जाता। मैं अपने पहले मज़्मून में साफ़-साफ़ बता चुका हूँ कि डॉक्टर 'इक़बाल' का इस्लामी-अदब चंद ख़ूबसूरत, दिल-फ़रेब और गोश-फ़रेब स्लोगनों से हमें आगे नहीं ले जाता। मुसलमान हों या ग़ैर-मुसलमान, या तो उनकी तरक़्क़ी योरप या अमरीका के सरमाया-दाराना निज़ाम की कामयाब तक़्लीद से हो सकती है जिसे तुर्किस्तान भी नहीं कर सका या रूस, चीन और योरप की नई इश्तिराकी जम्हूरियतों की कामयाब तक़्लीद से हो सकती है। कोई इस्लामी तरीक़ा तीस-पैंतीस करोड़ मुसलमानों के आज़ाद तालीम-याफ़्ता और ख़ुशहाल होने का नहीं है। डॉक्टर 'इक़बाल' का इस्लामी-अदब मुस्लिम-अवाम की बेदारी का रौशन-तरीन अदब नहीं है। अगर मुसलमान अदीबों के दिलों में मुस्लिम-अवाम के लिए दर्द है तो 'इक़बाली-अदब' की तक़्लीद में नस्र व नज़्म लिखकर वो मुस्लिम-अवाम की तक़दीर नहीं बदल सकते। 'इक़बाली-अदब' कोई इल्हामी चीज़ नहीं है जिसने पहले के अदबी शाहकारों को मन्सूख़ कर दिया हो और सिर्फ़ हदीसों के लिए या अदबी शर्हो-फ़िक्रा के लिए गुंजाइश छोड़ी हो। मुसलमान अदीब जितना योरप की तरक़्क़ी-पसंद नस्रो-नज़्म से इस्तिफ़ादा कर सकते हैं, उतना 'इक़बाली-अदब' से हरगिज़ नहीं।

रही बात माद्दीयतो-दहरीयत और रूहानियत की, निन्यानवे फ़ीसदी अदबी या ग़ैर-अदबी कामों में ये झगड़ा उठता ही नहीं। जब जंगल में आग लगती है तो वो तमाम जानवर जो एक-दूसरे को खा जाते हैं, चुपचाप एक जगह खड़े हो जाते हैं। आज इसकी बिल्कुल ज़रूरत नहीं कि जो अदीब माद्दीयत के क़ाइल हैं उनका एक मुहाज़ हो। भूख, बेकारी, बेरोज़गारी, चोर-बाज़ारी, रिश्वत, ज़िंदगी के हर शौबे की बद-नज़्मी, साम्राजी क़ुव्वतों की साज़िशें और तख़रीबी कोशिशें, हज़ार में नौ सौ निन्यानवे आदमियों की बदहाली; पाकिस्तान, हिंदुस्तान, एशिया, अफ्रीका और योरप के भी कई मुल्कों की ज़िंदगी को जहन्नुम बनाए हुए है। फिर तीसरी जंग का ख़तरा मुसलमानों के लिए ही नहीं दुनिया भर के लिए ज़िंदगी और मौत का सवाल बन गया है। इस वक़्त नमक-हलाल अदीब के सामने इस्लामी और ग़ैर-इस्लामी दहरिया और रूहानी अदब के सवालात नहीं हैं बल्कि एक तरह की आम मुसीबत में गिरफ़्तार मुस्लिम और ग़ैर-मुस्लिम दुनिया को एक ही मक़सद के अदब की ज़रूरत है। यानी उन आलमगीर बिदअतों का शदीद शऊर पैदा करना, इज्तिमाई जद्दोजहद और मुनज़्ज़िम तहरीकों की अहमियत का शदीद शऊर पैदा करना और अपने मुल्क, एशिया, अफ्रीका और योरप की अवामी तहरीकों का साथ देने की आमादगी पैदा करना और उन अमली मुहर्रिकात को आला-तरीन अदबी तख़्लीक़ों के ज़रिए आगे बढ़ाना। हाल का शऊर और हाल में जिस रौशन मुस्तक़बिल

के इम्कानात दुनिया भर के लिए पिन्हाँ हैं, उन इम्कानात का शऊर यही वो इश्तिराकी वाक़िईयत (Socialist Realism) है, जिससे हमारे अदब की तख़्लीक़ होगी। ये वाक़िईयत न इस्लामी है, न ईसाई और न हिंदू है बल्कि इश्तिराकी वाक़िईयत है। दुनिया को ईसाई, मुसलमान, हिंदू, बौद्ध जैसी मिल्लतों में तक़सीम करने के दिन लद गए। इश्तिराकियत तो बड़ी चीज़ है अगर हिंदू, मुसलमान या बौद्ध योरप और अमरीका के दौरे-सरमाया-दारी की मंज़िलों को तै कर सके होते तो अब तक मज़हब्बियत से बहुत आगे बढ़ गए होते जैसे नाम-निहाद ईसाई योरप और अमरीका बढ़ गए हैं और आज हिंदू-अदब और इस्लामी-अदब के लिए बेजान फ़िक़रे हमारी ज़बानों पर न होते।

नियाज़-केश

'फ़िराक़'

बिरादरम, सलामे-शौक़ !

'नुक़ूश' का नया शुमारा बाबत अगस्त-सितंबर 1953 ई. मिला। ये ख़त लिख रहा हूँ। अपने अज़ीज़ और सच्चे दोस्त आफ़ताब अहमद साहिब की उस निगारिश के जवाब में जिसका तअल्लुक़ इस्लामी-अदब पर मेरे उस मज़्मून से है जो ग़ालिबन अब से चार या छः माह पहले 'नुक़ूश' में शाया हुआ था, लेकिन पहले अपनी उस ग़ज़ल के बारे में मैं बताना चाहता हूँ जो उसी शुमारे में शाया हुई है। उस ग़ज़ल के दो शेर यूँ शाया हो गए हैं :–

''कभी पाये-पाये हुए तुझे, कभी खोये-खोये हुए तुझे
कभी बेनियाज़े-तलाश है, कभी इश्क़ माइले-जुस्तजू

ये कहाँ से बज़्मे-ख़याल में उमंड आईं चेहरों की नद्दियाँ
कोई मह-चकाँ, कोई ख़ूँ-फ़िशाँ, कोई ज़ुहरा-वश, कोई शोला-रू''

ये अश्आर यूँ हैं :–

''कभी पाये-पाये से हम तुझे, कभी खोये-खोये से हम तुझे
कभी बेनियाज़े-तलाश है, कभी इश्क़ माइले-जुस्तजू

ये कहाँ से बज़्म-ख़याल में उमंड आईं चेहरों की नद्दियाँ
कोई मह-चकाँ, कोई ख़ुर-फ़िशाँ, कोई ज़ुहरा-वश, कोई शोला-रू''

'पाये-पाये हुए, खोये-खोये हुए' बिल्कुल ग़लत है, दूसरे शेर में 'ख़ूँ-फ़िशाँ' बेमानी है।

इसी ग़ज़ल का एक और शेर जो शाया-शुदा ग़ज़ल में नहीं है, यूँ है :–

''करे ज़िंदगी को जो ज़िंदगी, जो हर एक दिल को बनाए दिल
तिरी जुस्तजू है वो जुस्तजू, तिरी आरज़ू है वो आरज़ू''

अब मैं आफ़ताब अहमद साहिब के मज़्मून की तरफ़ आता हूँ। मुझे इतनी बातें कहनी हैं :–

1. अगर उन बेशुमार कामयाब और मक़बूल किताबों में जो मुसलमानों ने तस्नीफ़ की हैं इस्लाम की रूह, इस्लाम की क़दरें और रंगारंग मुस्लिम-तहज़ीबों का दीन जीते-जागते रूप में मौजूद है तो इस्लामी अदब का नारा लगाकर हम तहसीले-हासिल क्यों करें। जब मुसलमान का तख़्लीक़-कर्दा अदब नागुज़ीर तौर पर इस्लामी-अदब होगा तो दुनिया-ए-अदब में भी अहले-ईमान में तब्लीग़ की क्या ज़रूरत है। अगर ये कहा जाए कि कोई अदब इस्लामी-अदब होता हुआ भी नाक़िस, नामुकम्मल, गुमराह, इन्हिताती, कमज़ोर, इस्लामी ख़ुदी या सच्चे इस्लामी शऊर से नीम-बहरा या बेबहरा हो सकता है, या जमूद-पसन्दो-रज्अत-पसंद हो सकता है, इसलिए सेहतमंद इस्लामी-अदब के मक़ासिद के तहत इस्लामी-अदब की आवाज़ उठाना ज़रूरी है तो मैं ये कहूँगा अव्वलन इस तहरीक का नाम इस्लामी-अदब की बजाय इस्लामी-अदब की इस्लाह होना चाहिए। लेकिन जहाँ तक जमालियाती, इश्क़िया, अख़्लाक़ी और रूहानी क़दरों का तअल्लुक़ है, मुसलमानों की बहुत सी बुलंद-पाया तस्नीफ़ात इन क़दरों से पहले ही से मालामाल हैं। इसका मतलब ये हुआ कि इस्लामी-अदब का नारा ख़ालिस इस्लामी जमालियाती शऊर से या महज़ विज्दान से मुतअल्लिक़ नहीं है बल्कि ये नारा अदब को एक सियासी या मिल्ली मक़सद के मातहत लाने के लिए उठाया जा रहा है, जिसका नागुज़ीर नतीजा अदब के ज़रिए से मुसलमानों में अहसासे-बरतरी पैदा करके मुसलमानों को ख़ुद ग़लत बनाना होगा। अदब में हमला-आवरी या जंगजूई के अनासिर पैदा हो जाएँगे और इस्लामी-अदब एक ख़तरनाक चीज़ बन जाएगा। अगर ये कहा जाए कि नहीं साहिब इस्लामी-अदब से ये मक़सद है कि मुसलमानों में अपनी वहदत का अहसास बेदार करना, उनमें हमीयतो-ख़ुद्दारी पैदा करना, एक सेहत-मंद मिल्ली शऊर मुसलमानों में पैदा करना इस्लामी-अदब का मक़सद है तो ख़ाकसार ये गुज़ारिश करेगा कि निन्यानवे फ़ीसदी मुसलमान मौत से बदतर ज़िंदगी बसर कर रहे हैं, भूख, बेरोज़गारी और ऐसी ही जहन्नुमी लानतों के शिकार हैं तो आपके ये ख़ूबसूरत और ख़ुश-आहंग मक़ासिद न अदब के जादू से हासिल होंगे, न किसी और छू-मंतर से। अब किसी मज़हबो-मिल्लतो-उम्मत वालों की ज़िंदगी के मसाइल मज़हबी, मिल्ली और उम्मती रह ही नहीं गए हैं। जैसे ताऊन और दूसरी वबायें, क़हत, बेरोज़गारी वग़ैरा इस्लामी वबायें नहीं हैं, न इनके दिफ़ाअ का कोई मख़्सूस इस्लामी अकसीरे-आज़म है। इसी तरह कोई ऐसा इस्लामी-अदब भी तसव्वुर में नहीं आता जो इन वबाओं से मुसलमानों को बचा सके। ऐसा अदब जो इन लानतों से मुसलमानों को आज़ाद करे इस्लाही-अदब या इन्क़िलाबी-अदब या इश्तिराकी-अदब हो सकता है, जिसे अगर मुसलमान बनाएँगे तो बक़ौले-आफ़ताब अहमद साहिब उसमें रूहे-इस्लाम भी दीगर ग़ैर-इस्लामी मसाइलो-मक़ासिद के साथ-साथ समोई हुई होगी। इसी तरह इन लानतों से अपने लोगों को आज़ाद कराने के लिए दूसरे मज़ाहिब के मानने वाले अदब की तख़्लीक़

करेंगे तो उन मज़ाहिब की चाशनी के साथ-साथ ग़ैर-मज़हबी मसाइल और उनके ग़ैर-मज़हबी हल उन किताबों में कूट-कूट कर भरे होंगे। लेकिन ऐसा अदब इस्लामी-अदब, हिंदू-अदब, ईसाई-अदब, यहूदी-अदब, पारसी-अदब, बुद्धिस्ट अदब या जैनी-अदब नहीं होगा। अदब में सियासत, इक़्तिसादात, साइन्स और दीगर उलूम का निचोड़ आ सकता है बल्कि ज़िंदगी में महज़ हालो-क़ाल नहीं बल्कि हैरत पैदा करने वाले अदब में तमाम उलूम और शानदार अमली नज़रियों का निचोड़ आना ज़रूरी है। लेकिन ये उलूम और नज़रिये इस्लामी नहीं हो सकते। अगर उन करोड़ों इंसानों की जिंदगी को इन लानतों और वबाओं से बचाना है जिनका ज़िक्र ऊपर हो चुका है—ऐसे अदब की तख़्लीक़ में न हिंदू नाज़ुक-ख़याली काम देगी, न मुस्लिम रंगीन-ख़याली काम देगी।

2. आफ़ताब अहमद साहिब लिखते हैं मगर आज 'फ़िराक़' साहिब का मुतालबा है कि अदब के ज़रिए ज़रअत की तरक़्क़ी, सनअतो-हिर्फ़त की तरक़्क़ी और हुकूमत की ख़ुश-इन्तिज़ामी की स्कीमें और प्रोग्राम पेश किए जाने चाहियें। अब मैं इससे ज़्यादा क्या अर्ज़ करूँ कि
''बबीं तफ़ावुते-रह अज़ कुजास्त ता-ब-कुजा''

मेरी गुज़ारिश है कि अदब में स्कीमें नहीं पेश की जाती हैं। शेक्सपियर, डिकिन्स, शैले, कार्लाइल, रस्किन, बनार्ड शाह, एच.जी. वेल्स, टालस्टाय, टैगोर, रोमाँ रोला, ह्यूगो, गोर्की—कितने नाम गिनवाऊँ, इन सबके कारनामे महज़ विज्दान और जमालियाती तख़्लीक़ें नहीं हैं। इन सबका अदब मक़सदी-अदब है और ये मक़सद हरगिज़ किसी मिज़ाज या किसी रूहे-मज़हब की तशफ़्फ़ी या तहज़ीब या तालीफ़ नहीं है। दूर न जाइए, 'हाली' की मुसद्दस या 'इक़बाल' की शायरी को लीजिए। 'हाली' की मुसद्दस में समाज की तरक़्क़ी के लिए आधी बात भी ऐसी नहीं कही गई है जो ख़ालिस इस्लामी हो या जिसे दुनिया की तमाम तहज़ीब-याफ़्ता क़ौमों की विरासत या जागीर न कहा जा सके, बल्कि 'हाली' बार-बार मुसलमानों को ग़ैर-मुस्लिमों की तक़्लीद की तल्क़ीन करते दिखाई और सुनाई देते हैं। मुसद्दसे-'हाली' तब्लीग़े-इस्लाम नहीं है, न इस्लामी मिज़ाज का जमालियाती शऊर बेदार करने के लिए वो लिखी गई है। मुख़ातिब ज़रूर 'हाली' ने मुसलमानों को किया है लेकिन कोई ख़ास इस्लामी रमूज़ मुसलमानों को वो नहीं बता रहे हैं। 'इक़बाल' के कलाम में जितनी काम की चीज़ें हैं वो दुनिया भर की तहज़ीबों की जानो-ईमान हैं, बल्कि बहुत कुछ तो 'इक़बाल' ने ग़ैर-मुस्लिम अदब से पाया है। बहरहाल अदीबाते-आलिया महज़ जमलियाती या विज्दानी चीज़ नहीं होते बल्कि मक़सदी चीज़ होते हैं और वो ज़िन्दा मक़ासिद हिंदू या मुस्लिम नहीं हुआ करते। अदीबाते-आलिया में जिन सिफ़ात या अनासिर का तअल्लुक़ अमल से है उन्हें इस्लाम या किसी और मज़हब से मुतअल्लिक़ करना ग़लती है। इन सिफ़ातो-अनासिर का तअल्लुक़ आम तहज़ीबे-इंसानी

के मुख़्तलिफ़ अदवार से है। ऐसे अदब के जमालियाती शऊर में मज़हब कार-फ़र्मा हो सकता है, लेकिन कोई ख़ास मज़हब कार-फ़र्मा नहीं होता या फिर मुल्की या नस्ली रिवायतों की चाशनी उनमें होती है।

3. आफ़ताब अहमद साहिब ने मेरे इस बयान का भी हवाला दिया है कि ‘‘मैं अपनी शायरी में हिंदुस्तान की क़दीम अदब का मिज़ाज समोना चाहता हूँ। अगर इसे हिंदू-क़ौम का या हिंदुस्तान क मिट्टी का मिज़ाज समझा जाएगा तो इसका मतलब किसी मख़्सूस मज़हब का मिज़ाज नहीं हुआ। जिस मिज़ाज को मैं अपनी उर्दू-शायरी में कुछ ला सका हूँ वो हिंदुस्तान की तमाम ज़बानों के अदब में शुरू से कार-फ़र्मा है और उर्दू में उस अंदाज़ से कार-फ़र्मा नहीं रहा है जिस अंदाज़ से उसे कार-फ़र्मा होना चाहिए।’’ मेरे इस बयान से इस्लामी अदब के नारे के लिए जवाज़ नहीं ढूँढ़ा जा सकता। मेरा मतलब तो सिर्फ़ इतना था कि उर्दू-अदब के मिज़ाज में हिंदुस्तानियत उसी तरह कूट-कूट कर भर जाए, जिस तरह अरबी-अदब में हिजाज़ियत, या ईरानी-अदब में ईरानियत है और बस। उर्दू-अदब में, बक़ौल आफ़ताब अहमद साहिब के, इस्लामी मिज़ाज पहले से मौजूद है। इसलिए मुझे तो ये हक़ पहुँचता है कि उर्दू-अदब में हिंदू-समाज का मिज़ाज भी आ जाए। लेकिन उर्दू में इस्लामी मिज़ाज लाने की तल्क़ीन या तो तहसीले-हासिल है या जैसा कह चुका हूँ ये तल्क़ीन उर्दू अदब में एक फ़ासिज़्म (Fascism) पैदा करने की तर्ग़ीब है। अगर ‘फ़िरदौसी’, ‘ख़ाक़ानी’, ‘रूमी’, ‘हाफ़िज़’, ‘सादी’ इस्लामी-अदब है तो दुनिया भर इसे कलेजे से लगाए रखेगा, मुसद्दसे-‘हाली’ को भी सब लोग प्यारा अदब कहेंगे। ‘मीर’ और ‘ग़ालिब’ को भी अगर इस्लामी-अदब कहने पर इस्रार है तो इस अदब को भी ग़ैर-मुस्लिम उतनी ही अच्छी तरह समझते हैं, उससे उतना ही लुत्फ़-अंदोज़ होते हैं, जितना कोई मुसलमान। लेकिन ‘इक़बाल’ का ‘शिकवा’ जब कोई समझदार ग़ैर-मुस्लिम पढ़ता है तो उसके होंठों पर मुस्कुराहट आ जाती है और ‘जवाबे-शिकवा’ पढ़कर हँसी आ जाती है। ‘इक़बाल’ के कलाम का वो तमाम हिस्सा जिसमें मुस्लिम साम्राज के मिटने का मातम है अगर उसे हम बहुत अहम इस्लामी अदब समझें तो वाज़ह रहे कि ये इस्लामी-अदब दुनिया के बुलंद-तरीन अदबी मज़ाक़ रखने वालों की नज़र में हरगिज़ क़ाबिले-क़द्र चीज़ नहीं। मालूम नहीं, जो लोग इस्लाम-अदब की रट लगाते हैं, वो ‘इक़बाल’ का अदब चाहते हैं या कैसा इस्लामी-अदब चाहते हैं। मेरी नज़र में तो ‘इक़बाल’ के अदब का बहुत-सा हिस्सा उन मानों में इस्लामी-अदब ही नहीं कि मुसलमानों के मिज़ाज के किसी प्यारे से या ख़ुश-गवार पहलू की तर्जुमानी हो। ‘इक़बाल’ के अदब का ये हिस्सा महज़ एक मिल्ली फ़ाशियत है या बुलंद आहंग जंगजूई है। आज अरब, सीरिया, मिस्र, ईरान, अफ़्रीका के मुसलमान अपनी ज़िंदगी को आगे बढ़ाने के लिए इस्लाम से या इस्लामी-अदब से कोई काम नहीं ले रहे हैं, बल्कि आलम-गीर सियासी तहरीकों

से, इन्क़िलाबे-रूसो-इन्क़िलाबे-चीन से, इश्तिराकियत से मदद ले रहे हैं और ग़ैर-इस्लामी अदब से अपनी क़ौम को बेदार कर रहे हैं। नाज़िमे-हुकूमत का अदब न इस्लामी अदब है न इक़बाली-अदब है।

4. मेरी जिन तन्क़ीदों या मेरी शायरी के जिन नमूनों को आफ़ताब अहमद साहिब ने इतने ख़ुलूस से सराहा है, वो बहुत ख़ूबसूरत भी सही, लेकिन उनके आगे क्या मेरे लिए कोई मंज़िल नहीं है ? अदब में मिज़ाज की अहमियत बताने के बाद क्या मेरे लिए अदब में किसी और चीज़ की अहमियत बताने की गुँजाइश नहीं रही ? 'बंजारा-नामा' या 'डालर-देस' अवामी नज़्में हैं। लेकिन 'शामे-अयादत', 'धरती की करवट', 'दास्ताने-आदम', 'रोटियाँ', 'इन्क़िलाबे-चीन' क्या मेरी ये नज़्में मेरी ग़ज़लों से बहुत कम हैं। अगर हैं तो इसकी वजह ये होगी कि जमालियाती या इश्क़िया शायरी के मक़सद से बुलंद मक़सद की नज़्में लिखने में मुझे उतनी कामयाबी नहीं हुई। लेकिन इससे बुलंद-तर मक़सद को तो झुठलाया नहीं जा सकता। बहुत से लोग तो बाँगे-दिरा के ही 'इक़बाल' को मानते हैं 'हाली' को लोग कहते थे कि

" 'हाली' ग़ज़ल को छोड़ मुसद्दस पर आ रहे"

मैथ्यू आर्नल्ड 'Empeducles in Epna' जो उसका शाहकार माना गया है, उसे अपने मज्मूए में जगह देना नहीं चाहता था, क्योंकि इस नज़्म में एक हसीन और दिलकश मज्हूलियत का जज़्बा कार-फ़र्मा है। अपने बारे में मैं ये कहूँगा कि मेरी शायरी का बड़ा हिस्सा इसलिए इश्क़िया-ओ-जमालियाती हुदूद से आगे नहीं बढ़ सका कि जागीर-दाराना और साम्राजी-दौर या तबक़वी-समाज की रिवायतों का मुझ पर गहरा असर था। ज़िंदगी के मुतअल्लिक़ नया शऊर मेरे अंदर बहुत आहिस्ता-आहिस्ता और बहुत देर में पैदा हुआ। मेरी जिस शायरी और मेरी जिन तन्क़ीदों का ज़िक्र आफ़ताब अहमद साहिब इतनी मुहब्बत से करते हैं वो मेरी नज़र में हर्फ़े-आख़िर नहीं हैं। इज्तिमाई ज़िंदगी की शायरी तो दुनिया में अभी शुरू हुई है। कोई इस आलम-गीर रूहानी इन्क़िलाब की अहमियत न माने तो उसका क्या इलाज।

5. आफ़ताब अहमद साहिब मुझसे पूछते हैं कि फ़ुनून और ख़यालात की आज़ादी उस रूसो-चीन में कितनी है, जिस रूसो-चीन का मैं इतना मद्दाह हूँ। मुमकिन है कुछ बेइन्साफ़ी या ग़लती इस मुआमले में रूसो-चीन में हुई हो लेकिन इन मुल्कों के नये अदब के वो कामयाब नमूने जिनकी दाद दुनिया भर में दी गई है, इन्हिताती सरमाया-दाराना अदब के बेहतरीन नमूनों से बुलंद-तर हैं। चीन और दूसरे इश्तिराकी मुल्कों से बाहर जो अदब इश्तिराकियत के मुख़ालिफ़ पैदा कर रहा है वो हमें ज़िंदगी-ओ-रोशनी नहीं दे रहा है।

आख़िर में मेरी ये गुज़ारिश है कि अदीबों को ये नसीहत आप देना चाहते ही हैं तो ज़रूर दें कि भाई मुसलमानों के रस्मो-रिवाज, उनके बर्तनों, कपड़ों, ग़िज़ाओं,

त्यौहारों, अक़ाइद को जी खोल कर अदब में जगह दो ताकि हमारा अदब ज़्यादा से ज़्यादा इस्लामी-अदब हो जाए और ज़्यादा से ज़्यादा उस का मिज़ाज इस्लामी मिज़ाज हो जाए। लेकिन उससे मुसलमानों की ज़िंदगी में वो गर्मी और हरकत नहीं पैदा होगी, न वो बुलंद जमालियाती अहसास पैदा होगा जिस का पैदा करना उस बुलंद-तरीन अदब का मक़सद है जो इस्लामी नहीं हुआ करता। लुटी हुई मुसलमान क़ौम के पास ख़िलाफ़त के अहदे-ज़र्रीं या दरबारे-अकबरी या दरबारे-आलमगीरी की दौलतो-सरवत आज कहाँ है। आज तो हर मुल्क के मुसलमानों को और ग़ैर-मुसलमानों को भी किसी ग़ैर-मज़हबी क़ुव्वत से अपनी तक़दीस सँवारना है। इसमें एक बहुत बड़ी क़ुव्वत ऐसा तरक़्क़ी-पसंद अदब है जो न इस्लामी होगा, न ईसाई, न हिंदू; और जिसका मिज़ाज अगर कुछ इस्लामी होगा तो उससे कई गुणा ज़्यादा ग़ैर-इस्लामी होगा। यानी मज़हबो-मिल्लत की आलाइशों से पाक-साफ़।

ये सब बातें मैंने अपने साबिक़ जमालियाती नज़रियों से तौबा करके या उनकी तर्दीद में नहीं कही हैं बल्कि उन नज़रियों में नए इज़ाफ़े, नई वुसअतें पैदा करने की ज़रूरत महसूस करते हुए कही हैं। दुनिया में आज एक आलम-गीर तहज़ीब और आलम-गीर अदब की मुबारक तहरीक जारी है। ये वक़्त इस्लामी-अदब का नारा लगाने का नहीं है।

आपका भाई
'फ़िराक़'

शब्दकोश

(मुरत्तब : प्रदीप 'साहिल')

अ

अकबर	महान, सबसे बड़ा
अकाबिर	अकबर का बहुवचन
अक़ाइद	धर्म, विश्वास, श्रद्धाएँ
अख़्ज़	आदान, लेना; प्राप्ति, लब्धि
अख़्लाक़	शिष्टाचार, आन्तरिक संस्कृति
अज़ीम	महान
अज़ीम-तरीन	महानतम
असालीब	शैलियाँ
अहतिराम	सम्मान, आदर
अहबाब	मित्र, संगी-साथी
अम्र	आदेश, आज्ञा; कार्य, कर्म, विषय, मामला; समस्या
अगरचे	यद्यपि, हालाँकि
अज़ाब	यातना, पीड़ा, संताप
अश्आर	एक से अधिक काव्यांश (शेर का बहुवचन)
अता करना	प्रदान करना
अदब	साहित्य; शिष्टता, सभ्यता; बुद्धि, विवेक;
अमल	कार्य, कर्म; कृत्य, लोकाचार
अवाम	जनता, आम लोग
अफ़्रोज़	जलाने वाला, रौशन करने वाला, वृद्धि करने वाला
अज्ज़ा	टुकड़े, खण्ड, अंश

अनासिर	तत्व
अज़	से
अहल	निवासी; संपन्न
अफ़ाद	एक से अधिक व्यक्ति
अदवार	एक से अधिक दौर अर्थात युग
अश्ख़ास	एक से अधिक व्यक्ति
अमल-पज़ीर	कर्मशील, कार्यरत
अलमिया	त्रासदी
अव्वल	प्रथम
अम्रद-परस्त	सम-लैंगिक
अंदोह	दुख, पीड़ा
अयादत	रोगी का हाल पूछना
अदीब	शिष्ट, सभ्य; साहित्यकार, कलाकार
अदन	यमन का एक द्वीप जहाँ का मोती प्रसिद्ध है
अहूरमन	शैतान, असुर
असर-अंदाज़	प्रभावकारी
अफ़्सुर्दगी	उदासी, क्लान्त मनोदशा
अदबी	साहित्यिक; कलात्मक
अफ़साना-निगार	कथाकार
अर्ज़	चौड़ाई, निवेदन
अबवाब	एक से अधिक अध्याय; दरवाज़े
अबस	अकारण
अलम	ध्वज; दुख, पीड़ा
अलम-बरदार	ध्वज उठाकर आगे-आगे चलने वाला
अज़ सरे-नौ	बिल्कुल नये सिर से
अनफ़ास	साँसें
अबरू	भौंहें
अलामत	लक्षण; प्रतीक
अहदे-ज़रीं	स्वर्ण-काल
अस्री	सामयिक, युगीन
अस्र	युग, काल
अज़लियत	आदिकालीन
अयाँ	प्रकट, ज़ाहिर
अमलियत	कर्म-सम्बन्धी, कार्य-प्रक्रिया

अस्लाफ़	पूर्वज पुराने लोग
अजमी	ईरानी, ईरान-निवासी

आ

आलम	स्थिति, दशा; विश्व, जगत, सृष्टि;
आलम-गीर	विश्वव्यापी; विश्व-विजयी
आसूदगी	समृद्धि, संतोष, ख़ुशहाली
आसूदा	धनवान, समृद्ध, ख़ुशहाल, संतुष्ट
आला	उच्च
आला-तरीन	उच्चतम
आलिया	उच्च स्तरीय
आफ़ाक़ियत	सांसारिकता
आफ़ाक़ी	सांसारिक, जगत-सम्बन्धी
आख़िरुलज़िक्र	चर्चा के अन्त में
आबिद	उपासक, भक्त
आरज़ू	इच्छा, कामना, तलब
आबशार	झरना

इ

इल्म	ज्ञान, बोध
इल्म-दोस्ती	ज्ञान-प्रेम
इब्तिदा	प्रारम्भ
इख़्तिलाफ़	मतभेद, वैमनस्य, भिन्नता, अलगाव
इन्तिशार	अस्त-व्यस्त होना, बेचैनी
इन्फ़िरादी	व्यक्तिगत, एक आदमी का, वैयक्तिक
इन्तिख़ाब	चुनाव, चयन
इन्तिक़ाल	मृत्यु; स्थान बदलना
इज़्दिवाजी	वैवाहिक
इज्तिमाई	सामूहिक, संयुक्त; कुल मिलाकर
इर्तिक़ाई	विकासोन्मुख, तरक़्क़ी-याफ़्ता

इश्क़े-हक़ीक़ी	ईश्वरीय-प्रेम, रहस्यवाद
इश्के-मजाज़ी	सांसारिक प्रेम
इस्तिफ़ादा	लाभान्वित होना, नफ़ा उठाना
इज्ज़	नम्रता; असमर्थता, बेबसी
इशारियत	सांकेतिकता, व्यंजना
इश्तिराकियत	साम्यवाद, समाजवाद
इल्मी	ज्ञान-सम्बन्धी
इल्म-परस्ती	ज्ञानोपासना
इम्कान	संभावना
इफ़ादी	ज्ञान-वर्द्धक
इश्क़िया	प्रेम-सम्बन्धी;
इस्तिक़्लाल	अपने सहारे खड़ा होना; थोड़ा जानना; दृढ़ता
इद्राक	अगोचर वस्तुओं का अनुभव; ज्ञान, बोध, समझ
इफ़ादियत	लाभकारी, फ़ाइदेमन्द
इन्किशाफ़	प्रकट होना; गवेषणा, रिसर्च
इम्तियाज़	विवेक; योग्यता; विशेष गुण
इन्तिहा	चरमोत्कर्ष, अंजाम
इस्तिआरा	रूपक; मानवीकरण
इस्तिलाह	परिभाषा
इन्तिक़ाद	समीक्षा करना, समीक्षा, समालोचना
इर्तिबात	मेल-मिलाप, मैत्री, दोस्ती
इस्तीसाल	उन्मूलन, समूल विनाश
इन्किसार	टूटना; नम्रता, विनय
इम्तिदाद	दीर्घता, लम्बाई, विस्तार
इक़्तिसाद	बीच की राह चलना; हमेशा लाभ की सोचना; धन, अर्थ
इबारत	अक्षर-विन्यास, पदावली, लेख
इन्क़िलाब	क्रान्ति, परिवर्तन
इख़्तिसार	संक्षिप्त करना; संक्षेप,
इमरोज़	आज; वर्तमान
इक़्तिबास	जल उठना, प्रकाश होना, पैराग्राफ
इफ़्लास	ग़रीबी, निर्धनता
इशाअत	प्रकाशन
इश्काली	कठिन, दुष्कर,
इज़्तिरार	आतुरता, जल्दबाज़ी, बेइख़्तियारी

इत्तिहाद	एकता; दोस्ती, मेल मिलाप
इन्हितात	पतझड़
इस्बाती	प्रामाणिक, साबित
इक्तिफ़ा	अनुकरण, पैरवी
इल्हाम	देव-वाणी, ईश्वरीय संदेश
इस्रार	आग्रह

ई

ईसार	स्वार्थत्याग, परोपकार
ईजाबी	अनिवार्य; वाजिब;

उ

उमूमन	प्रायः, आम तौर पर
उस्लूब	शैली, शिल्प, पद्धति; व्यवहार, आचरण
उबूर	पार करना
उमूर	कार्य-समूह; समस्यायें
उन्सुर	तत्व, अंश; पंच-तत्व
उफ़्ताद	आपत्ति, मुसीबत, बला;
उलूम	विद्यायें, ज्ञान-समूह
उख़ुवत	भाई चारा, बंधुत्व,
उम्मत	किसी विशेष अवतार या पैग़म्बर को मानने वालों का समूह

ए, ऐ

एतिदाल	गर्मी-सर्दी में समान रहना; संतुलन, बराबरी
एतिराफ़	स्वीकृति; अपने अपराध को स्वीकार लेना
ऐनी	सदृश, समान; वास्तविक, यथार्थ;
ऐवान	महल, भवन; परिषद, संसद

औ

औबाश	लम्पट जन, लोफ़र, दुराचारी

क

कर्ब	पीड़ा, दर्द, संताप
क़तए नज़र	नज़रें फेर लेना, विमुख होना
कसाफ़त	मलिनता, अशुद्धता
कफ़े-पा	तलवा, पद-तल
कसरत	बाहुल्य, अधिकता
कम-अज़-कम	कम से कम
क़दीम	प्राचीन, पुरातन
क़दमा	पुराने लोग, वृद्ध लोग
क़ब्ल	पूर्व, पहले
क़ल्ब	हृदय, दिल
क़सीदा	पद्यात्मक प्रशंसा, काव्य द्वारा किसी की अतिशयोक्ति पूर्ण प्रंशसा
क़हत	अकाल, दुर्भिक्ष
कजह	टेढ़ा, तिरछा

का

क़ादिरुलकलामी	वाक-पटुता, भाषण-कला,
कारगर	गुणकारी, फ़ाइदे-मंद, प्रभावकारी,
कार-फ़र्मा	काम करने वाला, प्रभावकारी
क़ालिब	शरीर, देह; ढाँचा, साँचा
क़ासिर	क़सर रखने वाला; असमर्थ; ज़बरदस्ती काम कराने वाला;
कार-आमद	उपयोगी, उपयुक्त
क़ारईन	पाठक-वर्ग

कि

किरदार	चरित्र; पात्र

किलीद	चाबी, कुँजी

क़ु

क़ुव्वत	सामर्थ्य, शक्ति, बल
क़ुर्बत	नज़दीकी, क़रीबी
कुल्लिये	व्यापक नियम, ऐसा नियम जो सर्वांग पर लागू हो
क़ुर्ब	नज़दीकी, निकटता
कुश्त	मार-धाड़, खून-ख़राबा; मारा हुआ; प्रताड़ित
कुफ़्र	पाप, गुनाह, धार्मिक अपराध

कै, को, कौ,

कैफ़ियत	हाल, दशा; हर्ष, आनन्द, मस्ती
क़ौम	समाज; राष्ट्र; जाति
कैफ़	मज़ा, मद, नशा, आनंद
कोफ़्त	कष्ट, मानसिक बेचैनी, परिश्रम, प्रयास
कोहकन	पर्वत काटने वाला; फ़रहाद
क़ौस	इन्द्र-धनुष; धनुष

ख

ख़तो-ख़ाल	अंग-प्रत्यंग
ख़तीबाना	उपदेशात्मक, नसीहत जैसा
ख़ल्लाक़	सृष्टि को उत्पन्न करने वाला; ईश्वर
ख़स्तगी	जर्जरता, थकान,
ख़ल्वत	एकांत, तन्हाई
ख़तन	दामाद, जामाता; ससुर; साला
ख़लीज	अन्तराल, दो वस्तुओं के बीच का ख़ालीपन
ख़ला	शून्य
ख़म	वक्रता, टेढ़ापन

खा

ख़ालिक़	निर्माता, रचनाकार
ख़ारिजी	बाहरी, बाह्य; निकाला हुआ

ख़ाकसार	विनम्र, विनीत, तुच्छ
ख़ाम	अपरिपक्व; असंस्कृत; अनुभव हीन,
ख़ामकार	मिथ्याकारी, अनुभव

खि, खी

ख़िल्कत	उत्पत्ति; सृष्टि; जनता, अवाम
ख़िराम	चाल, रफ्तार, मृदुल गति
ख़िताब	उपाधि; सम्बोधन,
ख़िज़ाँ	पतझड़
ख़ीरा	ढीठ, बेहया; अंधकारमय; चकित, हैरान, स्तब्ध; अकारण

खु

ख़ुलूस	निश्छल आत्मीयता
ख़ुतूत	एक से अधिक पत्र
ख़ुशूनत	खुरदुरापन, रूखापन, बदमिज़ाजी
ख़ुसूसन	मुख्यतः; विशेषतः
ख़ुश-आयंद	जिसका भविष्य उज्ज्वल हो; अच्छा, सुन्दर
ख़ुश-आहंग	अच्छी लय वाला;
ख़ुश-गवार	सकारात्मक, प्रसन्नता-दायक
ख़ुद-शनास	आत्म-परिचित;
ख़ुनकी	शीतलता, शीत-काल; नपुन्सकता, नामर्दी
ख़ुल्दे-बरीं	सबसे ऊँचा स्वर्ग
ख़ैरो-शर	शुभ-अशुभ, मंगल-अमंगल
ख़्वाह	चाहे, हालाँकि, अथवा

ग, गा

गराँ	भारी, वज़्नी; महँगा; क़ीमती
गर्दिश	चक्कर; दुर्भाग्य; काल चक्र; भ्रमण
ग़मगीं	दुख में डूबा हुआ
ग़म-ज़दा	दुख का मारा हुआ
ग़ज़ाल	हिरन का बच्चा; सूर्य
ग़ालिब	शक्तिशाली, विजेता, उर्दू का एक विख्यात कवि
ग़ालिबन	शायद, संभवतः, कदाचित; निश्चित, यक़ीनन
ग़ाइर	गहरा पैठले वाला, गहराई में दूर तक जाने वाला

गाम	क़दम; पाँव
गामज़न	अग्रसर

गि, गी

ग़िलाफ़	तकिए आदि का खोल; पलक; म्यान
गिर्वीदा	मुग्ध, मोहित; प्रेमी, आशिक़
ग़िज़ा	भोज्य-सामग्री
गिरह	गाँठ; समस्या; परीशानी
गिर्द	निकट, चारों ओर,
गीराई	गिरफ़्त, पकड़

गु, गू

गुज़ारिश	प्रार्थना, निवेदन
ग़ुरूब	अस्त होना, डूब जाना
गुल-फ़िशानी	फूल बरसाना
गूनागूँ	रंग-बिरंगे; विविध

गे, गै

गेसू	केश, बाल
ग़ैर-मामूली	असाधारण, विशेष
ग़ैर-जानिबदार	तटस्थ, निस्पृह
ग़ैब	परोक्ष, नियति, भाग्य
गोया	मानो, जैसे; बोलने वाला; मुखर
गोयाई	वाक्-शक्ति, वाचन-शक्ति

च

चिराग़ाँ	दीपमाला
चश्मपोशी	किसी के दोषों को अनदेखा कर देना
चुनाँचे	अतः, इसलिए, फलस्वरूप
चश्मक	आँख का संकेत; ऐनक

ज.जा

जराइम	अपराध, गुनाह
जराइम-पेशा	अपराधी, गुनाहगार
जंग जू	योद्धा, लड़ाकू
जमालियाती	सौन्दर्य परक
जज़्बा	भावना, मनोवृति
जज़्बात	भावनायें, जज़्बे; विचार, ख़यालात
जबीं	मस्तक, माथा
जबीं साई	माथा रगडना; दीनता व विनम्रता का प्रदर्शन करना
जफ़ा	अत्याचार, अन्याय
ज़र्ब	आघात, चोट
ज़मन	ज़माना, संसार; काल, समय; आपत्ति, मुसीबत
ज़र्फ़ी	योग्य; गंभीर, सहनशील
जदीद	नया, आधुनिक, नवीन
जज़ा	प्रतिफल, पुरस्कार
ज़रीन	स्वर्णिम
जज़्ब	विलीन, आत्मसात; आकर्षण, कशिश;
ज़ख़ामत	मोटाई, स्थूलता
ज़मान	ज़माना, समय, काल; युग,
जमूद	एकत्र किया हुआ, संगठित
जवाज़	औचित्य, धर्मानुसार उचित होना; पासपोर्ट;
ज़ात	अस्तित्व, शख़्सियत
ज़ामिन	ज़मानत करने वाला, प्रतिभू; साक्षी;
जावेद	शाश्वत, अमर
ज़ाती	वैयक्तिक, व्यक्तिगत, निजी
जाइज़ा	अवलोकन, समीक्षा
ज़ाइद	प्रचुर, अधिक, अतिरिक्त, फ़ालतू
जाँ दादा	जान देने वाला
ज़ाहिद	धार्मिक व्यक्ति

जि, जी, जू

जिन्सियत	लिंगता, ऐन्द्रियता; जातियता
जिद्दत	आधुनिकता, नवीनता

ज़ीनत	शोभा; शृंगार, सज्जा
जुबान	जिह्वा, जीभ; भाषा, बोली
जुज़	इलावा, अतिरिक्त, सिवा
जुज़्व	अंश, हिस्सा
जुनूब	दक्षिण
जुज़्वियात	सभी अंश; कई हिस्से
जुज़ईयात	किसी विषय के सभी पहलू
जुस्तजू	तलाश, खोज

जे, जो

ज़ेरे-असर	जो किसी के प्रभाव में हो
ज़ेरे-ग़ौर	जिस पर ग़ौर किया जा रहा हो
ज़ेरो-बम	नीचे-ऊपर
ज़ोफ़	निर्बलता, कमज़ोरी, दीनता

त

तरतीब	क्रम, सिलसिला; प्रबन्ध, बन्दोबस्त
तस्लीम	सलाम; स्वीकृति
तक़रीर	भाषण; वक्तव्य
तर्बियत	पालन-पोषण; शिक्षा-तालीम, प्रशिक्षण, सुधार
तवाज़ुन	संतुलन
तबक़ा	वर्ग, स्तर
तल्ख़ी	कड़वाहट, कर्कशता
तर्जुमानी	अनुवाद
तर्मीम	मरम्मत, सुधार, संशोधन
तज्रुबात	अनुभव
तमानियत	संतोष; विश्वास;
तफ़क्कुर	चिंतन, सोच; भय, आशंका
तसव्वुर	ध्यान, ख़याल, कल्पना
तअल्लुक़	सम्बन्ध
तवील	दीर्घ, लम्बा
तज्ज़िया	सूक्ष्म जाँच करना

तलज़्ज़ुज़	आस्वादन
तवानाई	सामर्थ्य; बल
तरक़्क़ी-पसन्द	प्रगतिवाद
तरब-आर्गी	प्रसन्न
तवालत	लम्बाई
तक़्वियत	बल, शक्ति; सहायता, मदद
तसव्वुफ़	रहस्यवाद, सूफीइज़्म
तहारत	शुद्धता, पवित्रता; स्नान
तजदीद	नवीनीकरण; नया करना
तकरार	वाद-विवाद; पुनरावृति
तख़य्युल	कल्पना करना, ध्यान लगाना
तहज़ीब	सभ्यता, संस्कृति
तकमील	पूर्णता
तग़य्युर	परिवर्तन, क्रान्ति
तहतुश्शऊर	आन्तरिक प्रज्ञा
तक़लीद	अनुकरण, अनुसरण
तख़ल्लुस	शाइर या कवि का वह उपनाम जो वह अपनी कविता में लिखता है
तर्ज़	ढंग, शैली
तब्बाई	प्रतिभा
तमद्दुन	रहन-सहन, आचार-व्यवहार
तस्नीफ़	पुस्तक, रचना, साहित्य-रचना
तफ़न्नुने-तब्अ	मनोविनोद
तरफ़ैन	दोनों पक्ष
तश्बीह	उपमालंकार
तहत	अन्तर्गत
तवाज़ुन	संतुलन
तअय्युन	निश्चित करना; नियुक्ति; अस्तित्व
तमव्वुज	पानी में लहरों का उठना
तरी	आर्दता, गीलापन; समृद्धि
तवाफ़	परिक्रमा
तख़्सीस	खूबी, विशेषता
तशफ़्फ़ी	रोग मुक्ति, स्वास्थ्य लाभ
तम्कनत	अभिमान, गुरूर; तड़क-भड़क

तयूर	पक्षी
तब्लीग़	प्रचार, प्रसार
तहसीले-हासिल	व्यर्थ प्रयत्न करना
तख़्लीक़	उत्पति करना, सृजन करना
तर्ग़ीब	प्रलोभन; उत्तेजना; प्रेरणा, शौक़;
तर्दीद	रद्द करना, लौटाना, खंडन करना

ता

तारीख़	इतिहास
तालीफ़	संपादन करना, कई वस्तुओं को मिलाकर एक वस्तु बनाना
तामील	आज्ञा का पालन करना
ताकीद	कोई बात ज़ोर देकर कहना
ताबनाक	चमकदार, आभावान
तालिब	इच्छुक
तालिबे-इल्म	विद्यार्थी
तासीर	प्रभाव
तादाद	संख्या
ताबाँ	चमकदार
ताबानी	चमक
ताऊस	मोर
ताऊन	प्लेग की बीमारी
तुफ़ैल	द्वारा, कारण-सहित
तौफ़ीक़	ईश्वरीय अनुकंपा; सामर्थ्य; योग्यता;

द

दस्त	हाथ
दस्त बरदार	विरक्त, उदासीन
दरयाफ़्त	जाँच, जिज्ञासा, अनुसंधान
दरकार	वांछित, अभिलषित
दयार	क्षेत्र
दबाज़त	स्थूलता, मोटाई
दाख़िली	आन्तरिक

दाइमी	स्थायीत्व
दियानत	समझदारी
दिलजोई	सांत्वना, तसल्ली
दिफ़ाअ	बचाव, प्रतिरक्षा
दुर	मोती
दूर रसी	दूर अंदेशी, दूरदर्शिता
दीदनी	दर्शनीय
दौर	युग, काल
दोशीज़गी	कौमार्य,

न

नक़्श	चिन्ह
नस्बुलऐन	उद्देश्य, मूल संवेदना
नफ़्सियाती	मनोविज्ञान सम्बन्धी
नस्र	गद्य
नर्ग़ा	घेरा; भीड़; मुसीबत
नज़रे-सानी	किसी तय-शुदा विषय पर पुनर्विचार
नदामत	शर्मिन्दगी
नक़्क़ाद	समीक्षक, आलोचक, जाँच कर्ता
नसीम	शीतल पवन
नजात	छुटकारा, मुक्ति
नज़्र	भेंट, समर्पित
नजूम	सितारे
नश्वो-नुमा	विकास शीलता, प्रगति

ना

नाशिर	प्रचारक, प्रसारक, प्रकाशक
नापैद	नायाब, ग़ायब, लुप्त, अदृश्य
नाज़ुक	मुलायम, कोमल
नाआसूदा	असमृद्ध,
नासेह	उपदेशक, नसीहत करने वाला
नागुज़ीर	अनिवार्य, आवश्यक

नाक़िस	त्रुटि पूर्ण
नादिम	शर्मसार, लज्जित
नामाबर	पत्र-वाहक, संदेश-वाहक

नि, नी

निसार	क़ुर्बान,
निशात	खुशी
निस्बत	सम्बन्ध; तुलना
निहाल	पौधा, छोटा पेड़; ख़ुश, समृद्ध
निस्बतन	अपेक्षाकृत, तुलना करते हुए; सम्बन्ध-अनुसार
निस्फ़	आधा, अर्द्ध
निज़ाम	प्रशासन, प्रबन्धन
निकात	सूक्ष्म तथा गूढ़ बातें
नीम	अर्द्ध, आधा

नु, नौ

नुमाइन्दा	प्रतिनिधि, प्रतीक
नुमायाँ	प्रकट, ज़ाहिर
नुक्ता	सूक्ष्मता, बारीकी; रहस्य, मर्म
नुक़्ता	बिंदी, चिन्ह, निशान
नौईयत	प्रकार, क़िस्म; विशेषता, ख़ासियत

प

पुर मानी	अर्थ पूर्ण
परागन्दगी	अस्त-व्यस्त होना, असम्बद्धता
परस्तिश	उपासना, भक्ति
परस्तार	उपासक, भक्त
परीदा	उड़ता हुआ
पसे-मिज़ाह	हास्य के पीछे
परवाज़	उड़ान
पज़ीराई	स्वीकृति

पस मंज़र	पृष्ठभूमि
पाकीज़ा	पवित्र, निर्मल
पियाला ज़न	प्याला तोड़ने वाला
पिन्दार	**अभिमान, गर्व**
पीर	वृद्ध
पेशवा	अगुआ, नेता, लीडर
पेचो-ताब	क्रोध, गुस्सा
पेशीन गोई	भविष्य वाणी करना
पोशीदा	छिपाया हुआ, गुप्त

फ

फ़न	कला, हुनर
फ़राइज़	कर्तव्य
फ़ल्सफ़ा	दर्शन
फ़न्नी	कलात्मक
फ़साहत	सरल सुगम भाषा-शैली
फ़राहम	उपलब्ध, प्राप्त
फ़र्दा	भविष्य
फ़रोग़	तरक़्क़ी, प्रगति
फ़र्क़	अन्तर; सिर, मस्तक
फ़लाह	उपकार, नेकी; मोक्ष
फ़ाइदा-रसाँ	लाभकारी
फ़िल हक़ीक़त	वास्तव में
फ़िक़रा	वाक्य; तंज़, व्यंग्य
फ़ितनत	दक्षता, चातुर्य
फ़ीसदी	प्रतिशत
फ़ुनूने-लतीफ़ा	ललित कलायें
फ़ुक़दान	अभाव,
फ़ुरूई	मूलभूत
फ़ैज़याब	लाभान्वित
फ़ैसला-कुन	निर्णायक

ब

बज़ाहिर	ज़ाहिरी तौर पर, देखने में,
बर अंगेख़्ता	क्रुद्ध, उकसाया हुआ, उभरा हुआ
बदर्जा-ए-अतम	सर्वांग-सम्पूर्णता के साथ
बराहे-रास्त	सीधे तौर पर, प्रत्यक्ष, बिना किसी को बीच में डाले
बहबूदी	उन्नति, भलाई, कल्याण
बक़ा	अमरता, शाश्वतता,
बसीरत	प्रतिभा, बुद्धिमानी
बसा औक़ात	प्रायः, अकसर
बर्बाद कुन	विनाशक
बक़द्रे-ज़रूरत	आवश्यकतानुसार
बर्ग	पत्ती
बहरा	भाग, अंश, हिस्सा
बदनज़्मी	कुप्रबन्ध
बरतर	श्रेष्ठ, उत्तम, ऊँचा
बुलंद	ऊँचा, श्रेष्ठ

बा

बावस्फ़	बावजूद
बाज़	कतिपय, कुछ
बाज़ औक़ात	कभी-कभी
बारहा	बार-बार
बाहमी	आपसी, पारस्परिक
बादे-ख़िज़ाँ	पतझड़ की हवा
बाह	काम-शक्ति
बाब	अध्याय; द्वार, दरवाज़ा
बाम	छत
बाँगे-दिरा	क़ाफ़िले में बजने वाले घंटे की आवाज़

बि, बी

बिरादरम	मेरा भाई
बिदअत	नई बात; नवीनता

बिलवास्ता	किसी के द्वारा, किसी को बीच में डालकर
बीम	भय, त्रास, नाउम्मीदी;

बे, बै

बेदार	जागृत, सतर्क
बेज़ारी	उपेक्षा, उदासीनता, विमुख, अप्रसन्न
बेनियाज़ी	उपेक्षा, बेपरवाही,
बेपायाँ	अनन्त, असीम
बेहिस	संवेदन-हीन
बेज़र्फ़ी	अपात्रता, अयोग्यता
बेशबहा	बहुमूल्य
बेबह्रा	वंचित, अभागा, बदनसीब
बेराहरवी	बुरी राह चलना, कुमार्ग-गमन
बैत	घर, मकान; स्थान, जगह; एक शेर
बैनलअक़्वामी	अन्तर्राष्ट्रीय

म

मज़ामीन	आलेख, निबन्ध
मस्लहत	परामर्श, सलाह; भेद, रहस्य; हित भलाई
मसाइल	समस्यायें, परेशानियाँ
मक़्ता	ग़ज़ल का वह आख़िरी शेर जिसमें शायर का उपनाम भी प्रयुक्त हो
मज्मूआ	संग्रह, संकलन
मक़ासिद	लक्ष्यों, उद्देश्यों
महासिन	अच्छाइयाँ, ख़ूबियाँ
मग़्रिब	पश्चिमी दिशा
मशाहीर	महान व्यक्ति, नामवर लोग
महदूद	सीमित
मर्तबा	पद, ओहदा; आवृति
मग़ज़	मस्तिष्क; सार, तत्व; बुद्धि, अक़्ल; नतीजा, निष्कर्ष
मजाज़ी	वह ब्रह्म ज्ञाता जो दिखने में पागल हो
मद	आ की मात्रा; ज्वार

मज्हूल	अज्ञात, नामालूम; आलसी, सुस्त
महफ़ूज़	सुरक्षित
महरूम	वंचित, अभागा
मंज़र-निगारी	दृश्यांकन
मक़ूला	वक्तव्य, कथन
मफ़्हूम	तात्पर्य, मतलब, अर्थ
मज़ीद	और अधिक
मग़लूबुलग़ज़ब	जो क्रोध में आपे से बाहर हो जाए
मग्लूबुलनफ़रत	वह व्यक्ति जो नफ़रत में सब कुछ भुला दे
मदारिज	दर्जे, रुतबे
मलकुलशुअरा	ज्ञान तथा काव्य का देवता
मग़्लूबुलजिन्सियत	एन्द्रिय तक़ाज़ों के वशीभूत व्यक्ति
मफ़्क़ूद	दुर्लभ, नायाब, अज्ञात; अदृश्य
मग़्लूबुलफ़िराक़	विरह में पीड़ित व आत्म-विस्मृत
मश्क़	अभ्यास; महारत
महवियत	तल्लीनता; ब्रह्मलीनता
मवाद	सामग्री, सबूत, प्रमाण
मकीं	मकान में रहने वाले लोग
मज्मूई	कुल मिलाकर, संयुक्त रूप में
मज़ालिम	अत्याचार, ज़ुल्म, अन्याय
मज़्कूरा	उल्लेख्य
मक़्बूल	सर्वमान्य; प्रसिद्ध
महबूब	प्रिय; सर्वप्रिय
मश्रिक़	पूर्व दिशा
मकानी	सांसारिक, लौकिक; घरेलू
मद्‌हसराई	प्रशंसा करना, तारीफ़ करना
ममालिक	एक से अधिक देश; मुल्क का बहुवचन
मज्हूलियत	अज्ञानता
मन्सूख़	ख़ारिज, रद्द, निरस्त
मफ़ाद	लाभ, फ़ाइदा
मज़ाक़	हाय-विनोद; अभिरुचि
मद्दाह	प्रशंसक
मस्लहत-आमेज़	रहस्यमयी; कल्याणकारी

मा

माज़ूरी	विवशता
मानूस	परिचित
मानवीयत	सार्थकता
माज़िरत	विवशता, मजबूरी
माज़ी	अतीत
माक़ूल	उचित; उत्तम, श्रेष्ठ
माइल	तत्पर; आकर्षित, प्रवृत्त, आसक्त
मानी-ख़ेज़	अर्थ पूर्ण
मान्दगी	क्लान्ति, शिथिलता, थकान; आलस्य; रोग
मानूसियत	परिचयात्मकता; अनौपचारिकता
मावर	अतीत-जीवी, पुराना; अतिरिक्त
मावराई	प्राचीनता
मामूर	बसा हुआ, आबाद, परिपूर्ण, खचाखच
माद्दी	भौतिक, सांसारिक

मि, मी

मिल्लत	राष्ट्र
मिल्ली	राष्ट्रीय
मिक़्दार	मात्रा, वज़्न, अंदाज़ा
मिस्दाक़	वह जिस पर कोई बात ठीक-ठीक घटित हो, चरित्रार्थ
मिज़ाज	स्वभाव, आचरण, मूड
मिस्रा	शेर की दो पंक्तियों में से कोई एक पंक्ति
मिनजुम्ला	सबमें से
मिल्कियत	पूँजी, जागीर
मीज़ान	तराज़ू

मु, मु

मुफ़स्सल	विस्तार पूर्वक; स्पष्ट
मुरत्तब	संपादित, संग्रहित, क्रमबद्ध किया हुआ
मुख़्लिस	आत्मीय, शुभ-चिन्तक
मुहक़्क़िक़	अन्वेषक; जाँच कर्ता; वैज्ञानिक
मुस्तज़ाद	बढ़ाया हुआ, अतिरिक्त; एक काव्य-विधा

मुब्तिला	घिरा हुआ, ग्रस्त
मुख़्तलिफ़	भिन्न
मुतास्सिर	प्रभावित
मुसलसल	निरन्तर, लगातार
मुस्तक़िल	स्थायी
मुस्तफ़ी	फ़तवे का जवाब चाहने वाला; त्याग-पत्र देना
मुन्दर्जा बाला	ऊपर लिखित
मुन्दर्जा ज़ेल	निम्न लिखित
मुसव्विरी	चित्रकारी
मुतअल्लिक़	सम्बद्ध
मुकर्रर	पुनः, दोबारा
मुहर्रिकात	काव्य-हेतु; उभारने वाले, उत्तेजक
मुहर्रिक	गति देने वाला, उभारने वाला; प्रस्तावक
मुग़ायरत	बेगानापन, प्रतिकूलता
मुर्दार	मृत पशु; अपवित्र; मृतक, निष्प्राण; कुलटा
मुतहर्रिक	हिलने-डुलने वाला, गतिशील
मुस्तक़बिल	भविष्य
मुनासिब	उचित, श्रेष्ठ
मुतालआ	अध्ययन; सर्वेक्षण
मुत्तफ़िक़	सहमत
मुक़फ़्फ़ा	तुकान्त
मुस्तनद	प्रमाणित, विश्वस्त
मुबाहिस	वाद-विवाद
मुअस्सिर	असर डालने वाला, गुणकारी
मुहज़्ज़ब	संस्कार वान, सुसंस्कृत, तहज़ीब-याफ़्ता
मुलाज़िम	दास, सेवक, नौकर
मुबाशरत	सहवास, संभोग, रति-क्रीड़ा
मुहीब	भीषण, भयानक, डरावना
मुक़ाम	स्तर, निर्धारित स्थान, आयाम
मुहतरम	पवित्र, पुनीत; प्रतिष्ठित
मुस्तहकम	निश्चित, अटल, स्थायी
मुसल्लत	आच्छादित; विवश किया हुआ,
मुहलिक	घातक, जानलेवा
मुतवाज़िन	संतुलित

मुसन्निफ़	रचनाकार
मुस्तहसन	उत्तम, श्रेष्ठ, पवित्र, नेक
मुसल्लम	सर्वमान्य; प्रमाणित; समग्र
मुताबिक़	अनुसार, मतानुसार
मुतलक़	स्वच्छन्द, निरंकुश; नितान्त, बिल्कुल
मुतवज्जेह	ध्यान देने वाला, ख़याल करने वाला
मुश्क	सुगन्धि
मुराद	तात्पर्य; कामना
मुनासिब	उचित
मुख़्तसर	संक्षिप्त
मुअल्लिम	अध्यापक;ज्ञानवान
मुत्तहिद	मेल-मिलाप रखने वाला
मुत्तफ़िक़	सहमति रखने वाला
मुनज़्ज़म	क्रमबद्ध, संगठित
मुलूकियत	बादशाहत
मुअद्दबाना	शिष्टता-पूर्वक,
मुदब्बिर	निपुण, दूरदर्शी, अक़्लमंद
मुन्हमिक	तन्मय, तल्लीन
मुन्अकिस	प्रतिबिम्बित
मुर्तसम	अंकित, नक़्श
मुर्तसिम	जिस पर अंकित किया गया हो
मुत्तनासिब	जिसमें हर चीज़ सही अनुपात में हो
मुश्क बेज़	ख़ुशबू फैलाने वाला
मुत्तक़ी	संयमी
मुसव्वदा	पाण्डुलिपि, हस्त-लिखित
मुर्शिद	गुरु, मार्गदर्शक, पीर-फ़क़ीर
मुमासिलत	समानता, एकरूपता, बराबरी
मुश्फ़िक़	दयालु, कृपालु; मित्र दोस्त
मुज़ाहिरा	प्रदर्शन, दिखावा
मुतमद्दिन	नागरिक; सभ्य, शिष्ट
मुन्हसिर	निर्भर, आधारित
मुह्मल	अर्थहीन, व्यर्थ, बेकार,
मुतसादिम	एक-दूसरे से टकराने वाला
मुख़ालिफ़	विपक्षी, विरोधी

मुसद्दस	पिस्तौल; एक उर्दू छंद
मौज़ूअ	विषय
मेयार	स्तर, पद
मोजिज़ा	चमत्कार, आश्चर्यजनक
मोतदिल	संतुलित, मध्यम

य

यकगूना	किंचित, थोड़ा सा
यकसाँ	समान, बराबर, सदृश; चौरस, समतल
यमन	एक देश जहाँ के ला'ल व याक़ूत प्रसिद्ध हैं
यकसूई	बेफ़िक्री, निश्चिन्तता; एकान्त, तन्हाई
यकलख़्त	नितान्त, बिल्कुल; अचानक, अकस्मात
यकसानियत	समानता, तुल्यता;

र

रमज़ियत	व्यंजना
रज़्मिया	युद्ध सम्बन्धी
रफ़्तगाँ	बीते हुए लोग; वे लोग जो जा चुके हैं
रहज़न	लुटेरा, डाकू; रास्ते में लूट लेने वाला
रहबर	रास्ता दिखाने वाला
रश्क	ईर्ष्या
रवा	उचित, मान्य
रहनुमा	मार्ग दर्शक
रख़्ते-सफ़र	यात्रा के लिए आवश्यक सामान
रवारवी	शीघ्रता, जल्दी-जल्दी
रहगुज़र	मार्ग, रास्ता
रमख़ुर्दा	पलायनोन्मुख, भागा हुआ
रजज़	रणक्षेत्र में अपने कुल की श्रेष्ठता का बखान
राशा	शरीर के अंगों के काँपने का रोग
रिवायत	परम्परा

रिसाला	पत्रिका
रिआयत	कोमलता, लिहाज़दारी, मूल्य में कमी
रियाज़	अभ्यास, श्रम, तपस्या, साधना
रियाज़त	परिश्रम, प्रयास, व्यायाम, जप-तप
रूशनास	बहुत कम परिचित, केवल चेहरा पहचानने वाला
रुमूज़	बहुत से भेद
रूमान	रोमाँस, स्वच्छन्दता

ल

लतीफ़	ललित; कोमल; सूक्ष्म; पवित्र; नवीन
लज़्ज़त-परस्ती	भोग-प्रियता, विलासप्रियता
लम्स	स्पर्श; मैथुन, सहवास
लहज़ा	पल, क्षण
लहजा	शैली, ढंग, टोन, स्टाइल
लबे-बाम	छत का किनारा
लामहदूद	असीम
लुग़त	शब्दकोश
लुत्फ़	मज़ा, आनन्द; करुणा; अनुदान; मेहरबानी

व

वज्द	आनन्दाधिक्य से आत्म-विस्मृति, मस्ती
वसीअ	व्यापक, विस्तृत
वहदत	एकता; अद्वैत-भाव; एकेश्वर-वाद
वस्ल	मिलन
वदीअत	अमानत, धरोहर
वक़्फ़ा	अन्तराल, विराम
वलवला	उमंग, जोश, उत्थान
वज़ाहत	विस्तार; स्पष्टता, विवरण
वबा	महामारी, छूत का रोग
वज़्अ	पद्धति, शैली; बनाना, करना

वस्ती	माध्यमिक, बीच का
वालिद	पिता
वालिदा	माता
वाज़ह	स्पष्ट; ज्वलन्त
वासोख़्त	उर्दू शायरी की एक विधा
वाबस्ता	सम्बद्ध
वाक़िईयत	वास्तविकता, यथार्थता
विज्दान	जानना, खोजना; सहृदयता, काव्याभिरुचि
विसाल	मिलन,
वुसअत	विस्तार, व्यापकता; सामर्थ्य
वुक़ूफ़	ज्ञान, जानकारी

श

शख़्सी	वैयक्तिक, निजी
शऊर	विवेक; संस्कार; शिष्टता, सभ्यता; बोध
शदीद	तीव्र
शब	रात
शह्वानी	काम वासना सम्बन्धी
शहवत	अभिलाषा; कामवेग; स्त्री-संसर्ग की तीव्र इच्छा
शरार	चिंगारी
शनास	परिचित, जानकार
शद्द	मज़बूत करना; स्वर को ऊँचा उठाना
शर्क़	पूर्व दिशा
शर्अ	राजमार्ग; धर्मशास्त्र
शाज़	अकेला, एकाकी; जो बहुत कम घटित होता हो
शाहकार	अप्रतिम कलाकृति
शाइस्ता	सुसंस्कृत, सभ्य
शाया	प्रकाशित
शादाब	प्रफुल्लित,
शिद्दत	तीव्रता
शिगाफ़	छिद्र, दरार

शीरीनी	मिठास, माधुर्य
शिगूफ़ा	कली, बेल-बूटा; नई बात, अचम्भे की बात

स

सररिश्ता	विभाग; योग्यता; सूत्र; अधिकार
सलाहियत	योग्यता
सदहा	सैंकड़ों
सराहत	स्पष्टीकरण; सविस्तार विवरण
सरापा	सर से पाँव तक; साक्षात
सदाक़त	सत्य; वास्तविकता
सफ़हा	पृष्ठ, पेज़
समर	फल; परिणाम
सईद	तेजस्वी; कल्याणकारी; पृथ्वी
सही-तरीन	बिल्कुल ठीक, पूर्णतया उचित
सरगिरानी	रोष, अप्रसन्नता
सदा	आवाज़; सदैव
सबा	सुबह की पवन
सनाँ	तलवार
सब्र आज़मा	वह काम जो सब्र की आज़माइश करे अर्थात देर से हो
सर बसर	नितान्त, बिल्कुल
सर अंजाम	अन्त; पूर्ति; प्रबन्ध
सर ता पा	सर से पाँव तक
सहाफ़त	लेखन-कार्य, पत्रकारिता
सरमदी	नित्यता, अमरता
सलफ़	पूर्वज, बुज़ुर्ग
सनअत	उद्योग
सर्फ़	व्यय, ख़र्च करना
सई	प्रयास, कोशिश
सानिहा	दुर्घटना; मृत्यु-समाचार
साहिब	मालिक; आदरणीय
सादिक़	सत्यनिष्ठ, सच्चा
सालिह	सदाचारी

साग़र	पियाला
साबिक़	भूतपूर्व
सिन	आयु, उम्र
सियासी	राजनैतिक
सिफ़त	गुण, विशेषण
सिक़ा	आचरण में शुद्ध और विश्वस्त व्यक्ति
सियाह	काला, प्रगाढ़
सिलसिला जुंबान	नई बात उठाने वाला
सीमीं	चाँदी का
सुकून	आन्तरिक शान्ति
सुकूत	एकान्त; सन्नाटा, चुप्पी
सुतूर	लकीरें, पंक्तियाँ
सुंबुल	एक सुगन्धित वनौषधि, ज़ुल्फ़ें
सुख़न-गो	वक्ता; साहित्यकार
सुख़न-फ़हम	बात को समझने वाला; साहित्य-प्रेमी
सूरते-हाल	वर्तमान स्थिति
सैद	शिकार
सोज़	संताप, जलन
सौती	ध्वनि से सम्बन्धित
सैराब	तृप्त

ह

हयात	जीवन
हयात-अफ़ज़ा	जीवन-दायक
हस्सास	संवेदन-शील
हलूल	आत्मसात हो जाना; भीतर समा जाना
हफ़्त ख़्वाँ	वे सातों मंज़िलें जो रुस्तम को तै करनी पड़ीं थीं
हम-आहँगी	आलिंगन-बद्धता
हक़ीक़त	वास्तविकता
हमागीरी	सर्वव्यापित, चारों ओर व्यापत होना
हज़ारहा	हज़ारों
हल्क़ा	घेरा

हवसकारी	लालच करना
हमनवा	साथी; एक आवाज़ वाले
हमअस्त्र	समसामयिक
हयात-दानी	जीवन-बोध
हमजिन्स	सजातीय, एक ही जाति या नस्ल का होना
हज	मुसलमानों का सर्वाधिक महत्वपूर्ण तीर्थ-स्थल
हज़	आनन्द, मज़ा, राहत
हमख़याल	समान विचारधारा रखने वाले
हमजमाअत	सहपाठी
हवासे-ख़म्सा	पंच इन्द्रियाँ
हज्म	मोटाई, स्थूलता
हरबा	अस्त्र-शस्त्र, आघात; शक्ति
हामिल	धारण करने वाला
हाजत	मनोकामना, इच्छा
हाज़िर	उपस्थित, मौजूद; वर्तमान
हिज्र	विरह, जुदाई
हिमाक़त	मूर्खता,
हिर्फ़ती	व्यावसायिक, शिल्पिय
हैअत	रूपाकृति; ज्योतिष-विद्या;

●●●